Lilia de Iturralde

100 DISEÑOS
PARA BORDAR

DISEÑOS ORIGINALES Y
CATÁLOGO DE PUNTOS

imaginador

Primera edición: septiembre de 2001
Última reimpresión: 2000 ejemplares, noviembre de 2001

I.S.B.N.: 950-768-363-1

Se ha hecho el depósito que establece la Ley 11.723
Copyright by GIDESA
Buenos Aires - República Argentina
IMPRESO EN ARGENTINA - PRINTED IN ARGENTINA

CATÁLOGO DE PUNTOS

A continuación les presento un completo catálogo de puntos. Para cada uno de ellos, figura una fotografía de muestra, el dibujo para saber cómo realizar las puntadas, la explicación del punto propiamente dicha, y la aclaración que indica si el punto puede aplicarse a cañamazo, a tela y cañamazo, o a tela solamente.

Puntos para bordar en tela

CABLE CON ESLABONES

Podría decirse que es un punto de cadeneta de fantasía con eslabones. Se usa para hacer perfiles y para rematar bordes. Para realizar el primer eslabón hay que enrollar el hilo sobre la aguja. Después, se mete ésta hacia abajo por debajo del eslabón y se vuelve a sacar, quedando lista para la puntada siguiente, que se hará de igual manera.

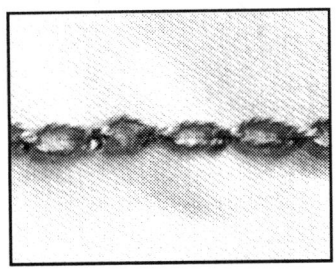

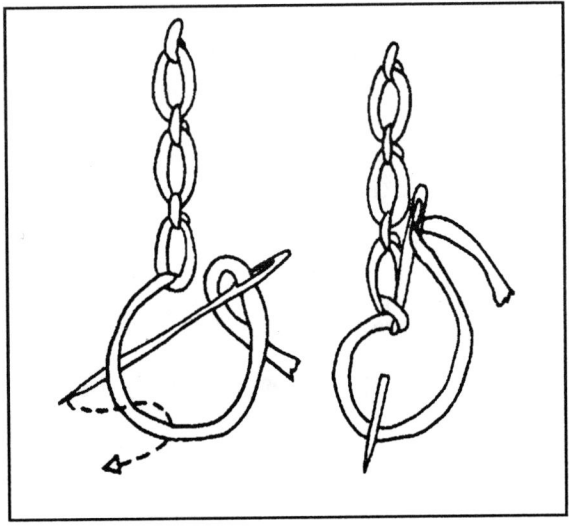

CADENETA

Con el hilo debajo de la punta de la aguja, hacer una anilla y sujetarla contra la tela con el dedo gordo izquierdo, mientras se toma un trozo de tela del mismo tamaño en cada puntada. Este punto se usa para rellenar, bordear y perfilar. Hay que introducir la aguja por el mismo agujero por donde se la ha sacado para hacer la siguiente puntada.

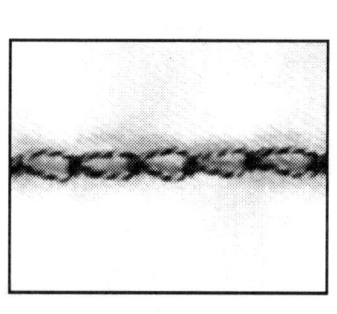 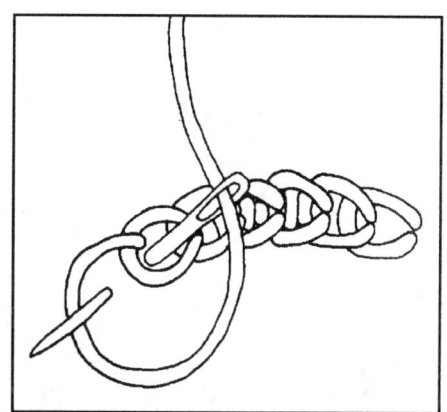

CADENETA ABIERTA

Conocido también como punto de cadeneta cuadrado o de escalera, se usa sobre todo para hacer tiras bordadas, aunque también sirve para rellenar motivos escalonados ya que este punto puede tener distintas anchuras. Para realizarlo hay que sacar la aguja por el margen izquierdo, meterla por el margen derecho y sacarla de nuevo por el margen izquierdo, colocando el hilo por debajo de la aguja.

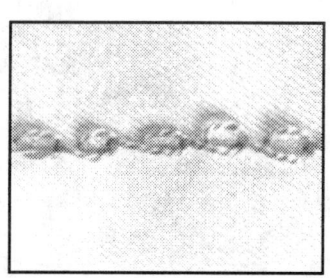 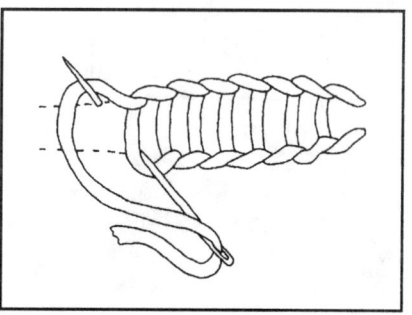

CADENETA SEPARADA

Se hace igual que el punto cadeneta pero fijando cada anilla con una puntada pequeña. Se usa para dibujar hojas y flores, y también para rellenar zonas de un bordado.

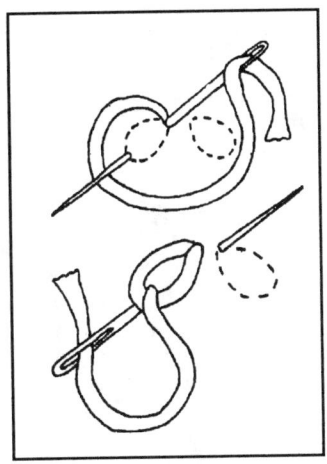

CADENETA EN ZIGZAG

Se ejecuta de igual manera que el punto de cadeneta, pero cada punto forma un ángulo con el anterior. Se utiliza para rematar bordes y hacer perfiles y líneas. Para que la cadeneta quede plana, la aguja tiene que atravesar la anilla anterior mientras se hace la siguiente.

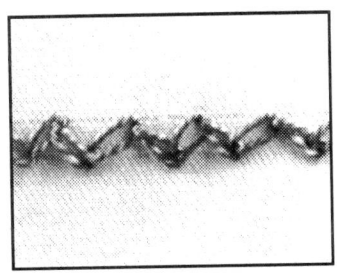
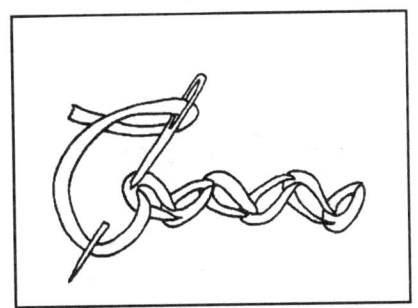

CADENETA EN FORMA DE PATA DE GALLO

Se hacen puntos de cadeneta inclinados alternativamente hacia la izquierda y hacia la derecha, uniéndolos con puntadas diagonales. Resulta muy decorativo y se utiliza, fundamentalmente, para rematar bordes.

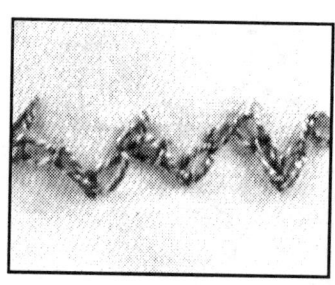 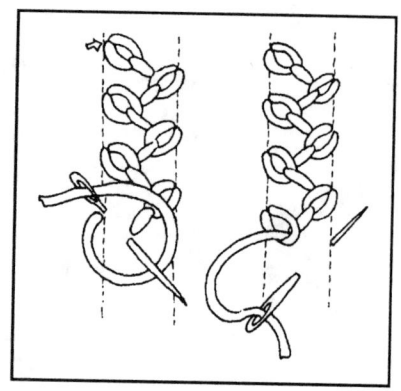

CORAL

Meter la aguja por debajo del hilo y sacarla por encima del mismo. Se usa para realizar líneas irregulares, perfiles, bordes y rellenos abiertos.

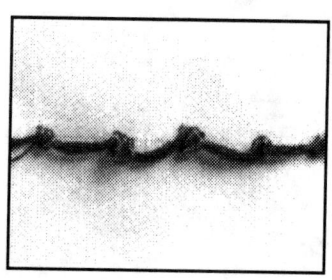 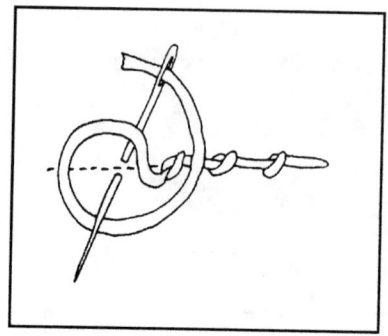

CORAL EN ZIGZAG

Se hace igual que el punto coral pero siguiendo una línea en zigzag. Sirve para realizar tiras bordadas decorativas y también para hacer bordes anchos. Meter la aguja por arriba y sacarla en el centro de la anilla. Hacer un punto parecido en la parte de abajo y continuar de esta manera hasta el final.

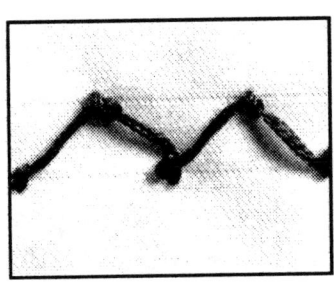
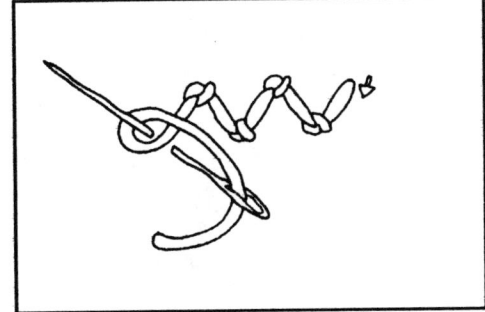

CORDONCILLO

Se realiza manteniendo siempre el hilo del mismo lado que la aguja. Puede utilizarse tanto para los fondos (haciendo las líneas muy juntas) como para los perfiles.

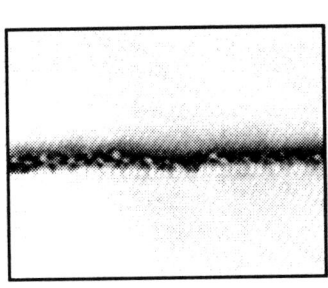
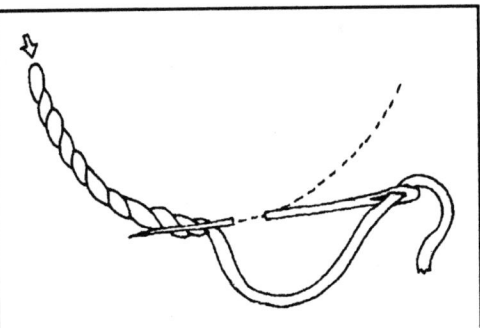

CORTADO

Contorneen con cuidado el dibujo con un hilván; cuando lleguen al inicio del hilván, pasen la hebra al otro lado fijándola a la tela con una pequeña puntada. Repitan este movimiento de forma alterna tres veces para realizar un triple hilván. A continuación realicen sobre este triple hilván el punto de cordoncillo bien tupido, evitando que la aguja se inserte en la tela. Corten la tela del centro del motivo para lograr el calado, doblen los bordes por el revés y borden a punto de cordoncillo los márgenes del contorno procurando alinearlos. A continuación, corten por el revés la tela sobrante.

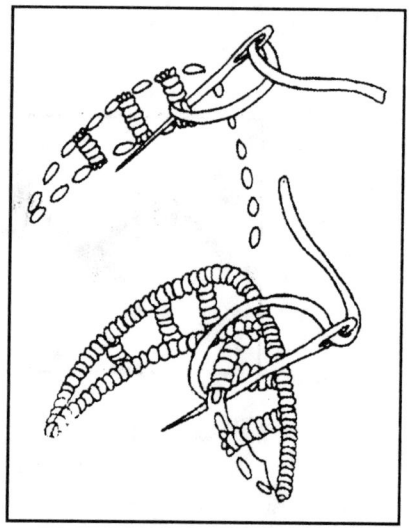

CUERDA

Comenzar realizando 2 ó 3 puntadas inclinadas juntas, sacar la aguja por encima del hilo y formar de esta manera pequeños nudos en la línea de la base. Este punto se usa habitualmente para realizar espirales y curvas, produciendo el efecto de una cuerda.

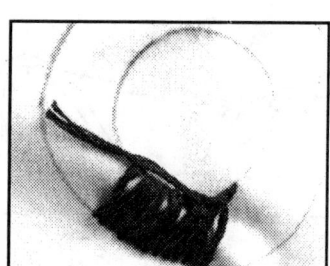
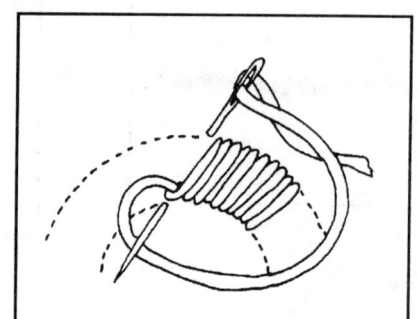

ENCONTRADO

La primera hilera se realiza igual que el punto satén (ver pág. 24), pero las filas siguientes se realizan teniendo la precaución de que la cabeza de cada nueva puntada esté entre las bases de las puntadas de la fila de arriba. Si quieren obtener efectos más sutiles, pueden cambiar el tono del hilo en cada fila.

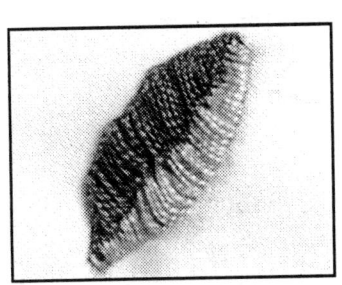 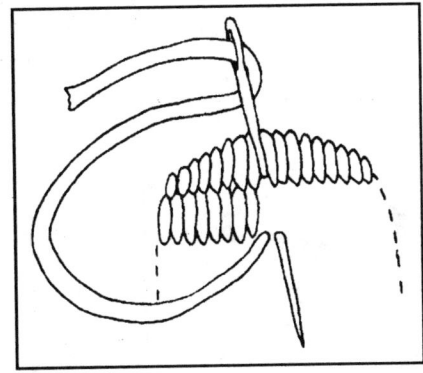

ESPINA

Este punto es utilizado habitualmente para rellenar el interior de las hojas.
Se da una primera puntada vertical, desde el vértice de la hoja; luego se sale a la izquierda de ésta, se vuelve a entrar a la derecha y se saca en el centro, haciendo pasar el hilo debajo de la punta de la aguja.
Sujetando el hilo, de manera que no quede tirante, se da una pequeña puntada vertical que lo "fija" en la tela, después se sale de nuevo a la izquierda y se vuelve a entrar a la derecha; continuar, repitiendo los movimientos desde el principio.

 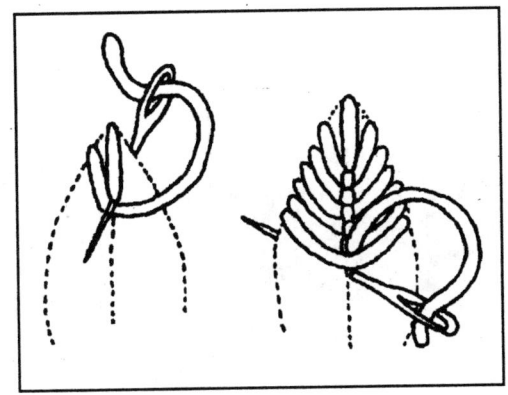

ESPIRAL

Se lo usa para hacer líneas rectas o tiras bordadas. Se hace de la siguiente manera: echar la hebra en redondo hacia la derecha, meterla dentro del anillo formado y sacarla (dentro del anillo) por encima del hilo, teniendo la precaución de no tirar demasiado del mismo. Generalmente se realiza de izquierda a derecha, aunque también puede hacerse en sentido inverso si quiere conseguirse un efecto más plano.

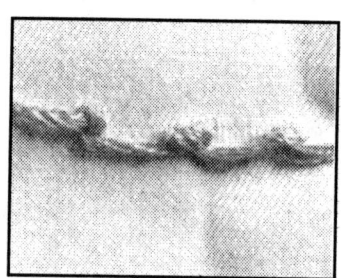 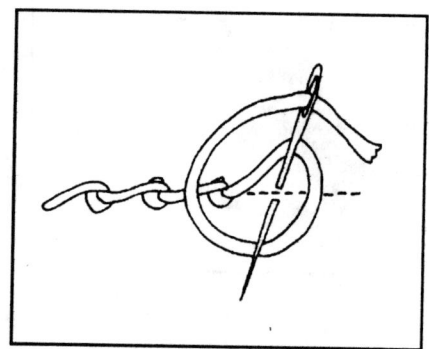

ESTERA

Dar una primera puntada entre dos líneas opuestas del motivo y hacer salir la aguja a la mitad del punto. Dar una puntada transversal para sacar la aguja hacia abajo, hacer otra puntada larga al lado de la primera y repetir la pequeña puntada transversal. Continuar de la misma manera a lo largo de todo el motivo hasta terminarlo, teniendo cuidado de que las puntadas de sujeción disten una de otra aproximadamente 6-8 milímetros.

 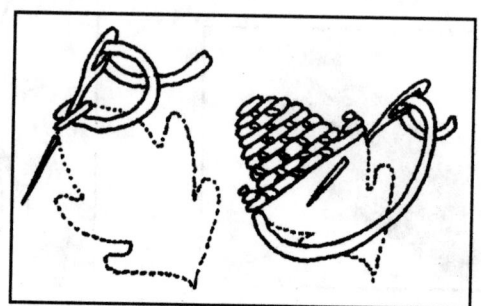

FESTÓN

Se trabaja de izquierda a derecha, y se utiliza para rematar dobladillos y ojales, y también para bordados decorativos. Cuando las puntadas están bastante separadas (técnica utilizada para rematar mantas), se lo llama punto festón abierto.

El punto festón es muy apropiado para rematar el dobladillo de una labor, pero también puede servirnos para bordar el dobladillo de una sábana y las fundas de las almohadas.

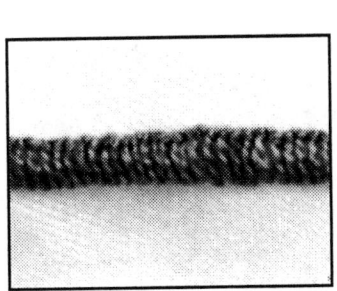 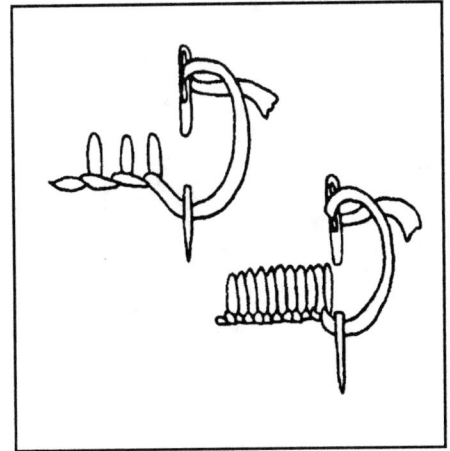

FESTÓN DOBLE

Variación muy sencilla del punto de festón. Para su realización se pincha la aguja hacia abajo, formando un punto de festón sencillo. Después, se mete hacia arriba, haciendo un punto de festón en el mismo agujero, y así sucesivamente. Se usa sobre todo para hacer bordes decorativos.

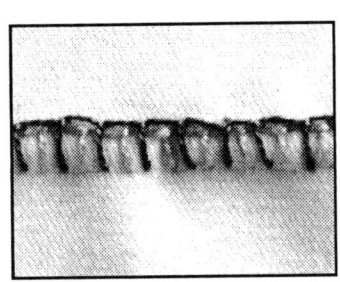 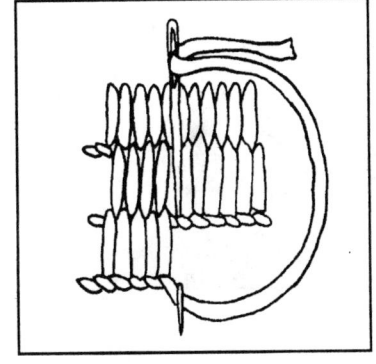

HELECHO

Se utiliza para rellenar hojas y para hacer ramilletes parecidos a los helechos, así como para perfilar.

Se realizan tres puntadas de igual tamaño haciendo ángulos entre sí, seguidas por un grupo similar. Las tres puntadas de cada grupo se pinchan en el mismo agujero que constituye su base. Si las puntadas de afuera se juntan más, la puntada del centro resulta más corta.

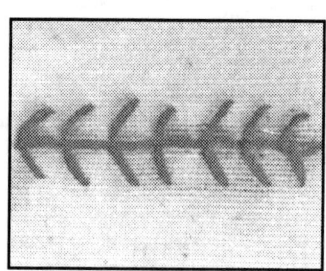 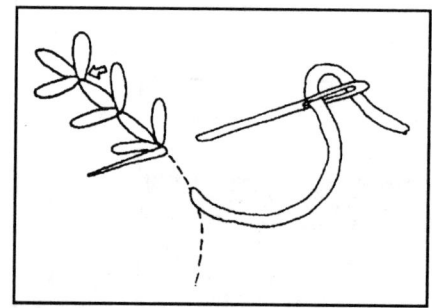

LLENO

Hacer primero un hilván de puntadas pequeñas a lo largo de todos los contornos del motivo y unos cuantos puntos lanzados, todos en la misma dirección, en el centro del mismo. Bordar ahora con puntadas paralelas y siguiendo el contorno: esas puntadas tienen que ser preferiblemente perpendiculares a las del relleno y deben cubrir totalmente el hilván y el relleno.

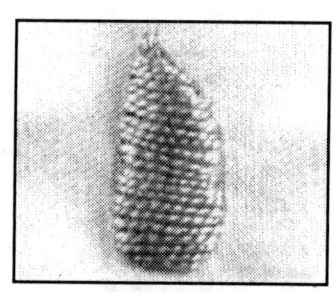 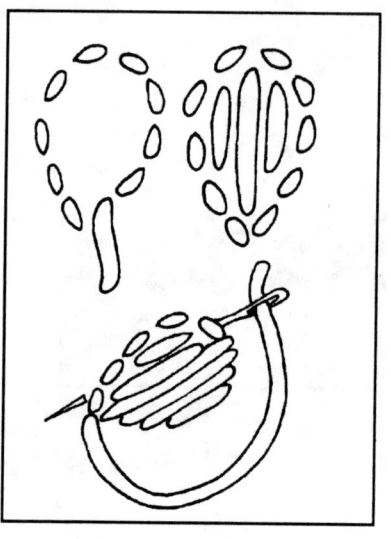

MARGARITA AL BIES

Se dan puntadas de cadeneta (ver pág. 4) cerca una de otra y ligeramente oblicuas con respecto al dibujo, saliendo de la tela y pinchando la aguja cerca del punto de salida para volver a salir en el otro extremo del dibujo, formando una lazada alrededor de la punta de la aguja. Se tira de la hebra, sin tensar demasiado, y se da una pequeña puntada de "sujeción" sobre el ojal de hilo así conseguido. Luego se vuelve a sacar la aguja muy cerca de la base del punto y se repite todo de idéntica manera.

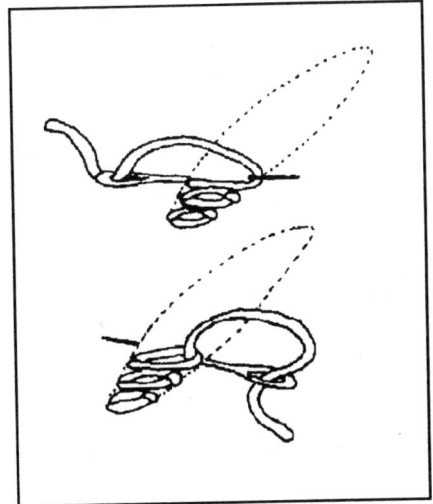

NUDO COMÚN

Enrollar el hilo varias veces sobre la aguja, dar la vuelta a ésta y meterla por el agujero de donde salió.

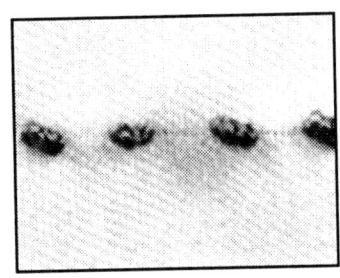

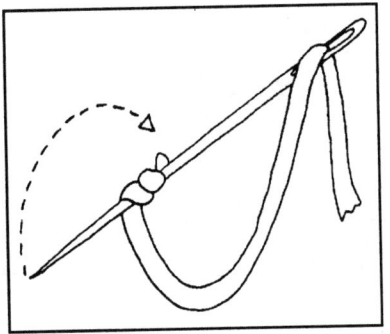

NUDO DE CUATRO

Ejecutar una puntada vertical y pasar después la aguja por debajo de la misma y por encima del hilo. A continuación, hacer el último brazo de la cruz. Se utiliza este punto para rellenos y bordes.

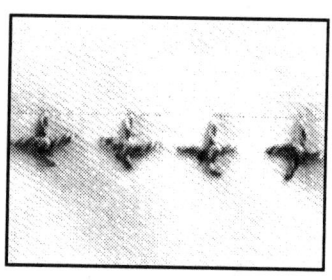 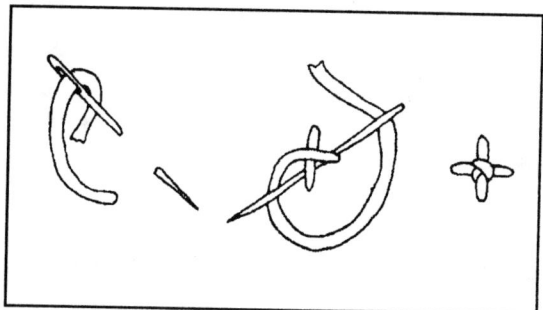

NUDO ENTORCHADO

Se caracteriza por ser un nudo grande y largo. Para su realización se utiliza una aguja gruesa. Se usa cuando se quiere conseguir un efecto más llamativo que el logrado con el punto nudo común. Pasar la aguja a través del hilo enrollado, darle la vuelta y meterla por donde indica la flecha.

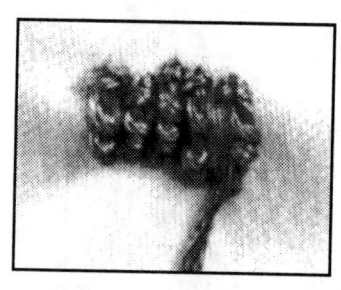 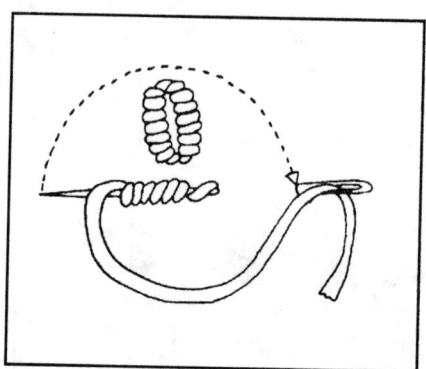

NUEZ

Hacer un punto de cadeneta (ver pág. 4) y fijar al tejido con una pequeña puntada de abajo a arriba. A continuación, y sin atravesar la tela, formar un primer punto "volante" o al aire y de igual manera hacer 2 ó 3 puntos más, formando una especie de enrejado. Pasar la aguja e hilo a través de éste, dar una pequeña puntada en la tela, y tirar suavemente del hilo hasta que quede formada la nuez. Continuar así hasta finalizar el bordado.

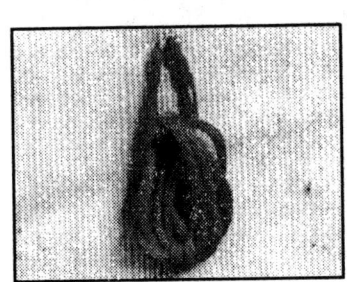

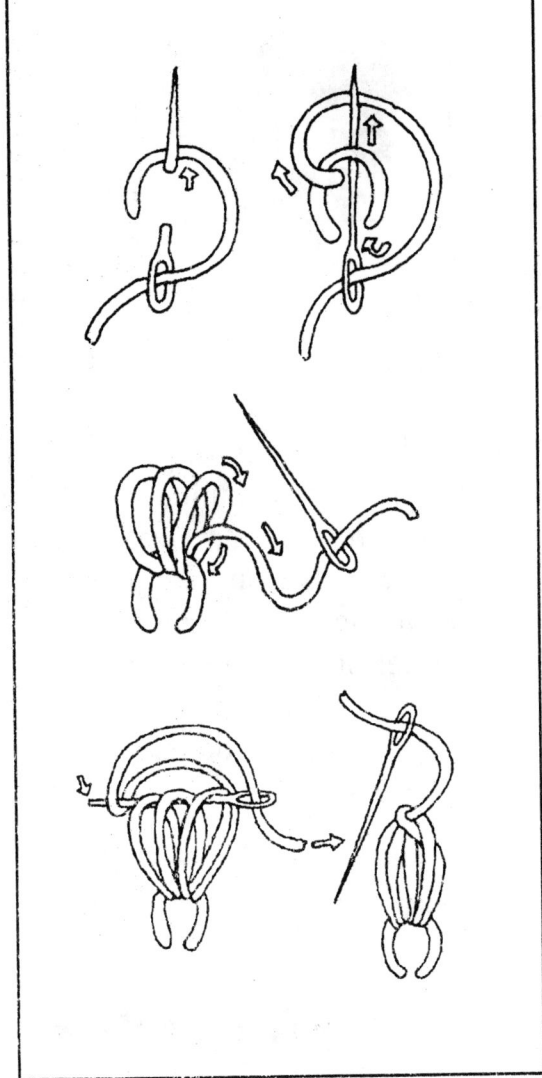

ONDA

Hacer una primera fila de punto satén (ver pág. 24). Después, realizar la segunda fila y las siguientes pasando la hebra por la base de las puntadas de las filas precedentes. Las puntadas pueden hacerse tan juntas o separadas como se desee. Este punto se utiliza como relleno y también para conseguir diferentes tonalidades de color, similares a un degradé.

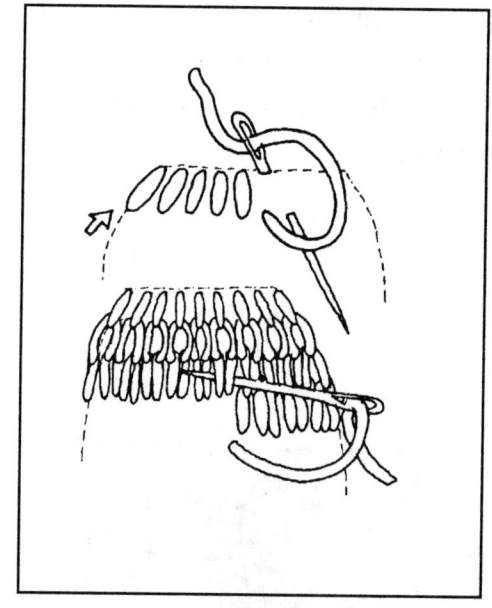

PALESTRINA

Comenzando por la izquierda, dar una puntada pinchando la aguja de arriba a abajo en sentido vertical. A continuación, pasar la aguja debajo del hilo de la puntada que se acaba de hacer, sin atravesar la tela. Volver a pasar la aguja debajo del primer hilo y encima del segundo, que es el que forma el nudo, y sacar, teniendo el hilo debajo de la punta de la aguja.
Tirar ligeramente del hilo, pero sin apretar, y dar una nueva puntada a la derecha, de arriba a abajo como al principio. Empezar de nuevo.

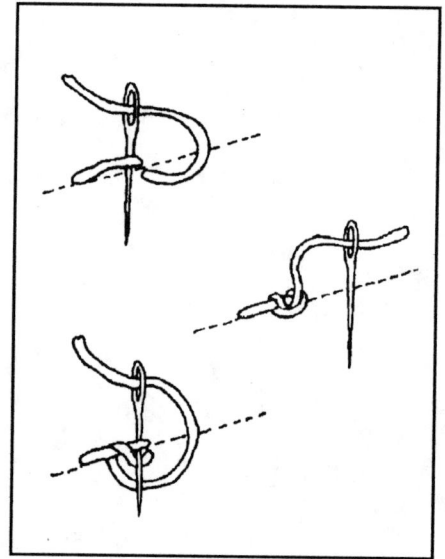

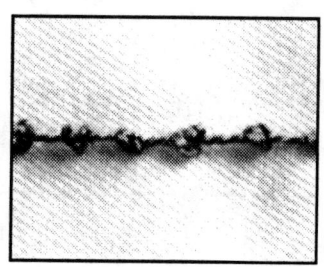

PARTIDO

Se trabaja igual que el punto de cordoncillo (ver pág. 7), pero partiendo el hilo en dos, al pincharlo cuando se saca la aguja, después de dar una corta puntada hacia atrás.

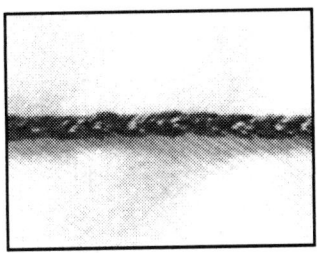
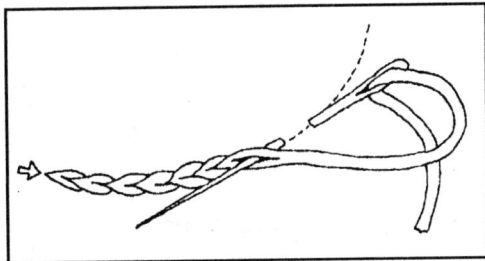

PATA DE GALLO

Se usa para conseguir un efecto de plumas de ave, ya que es un punto de relleno fino y delicado. También se puede utilizar para fondos y perfiles. Hacer una puntada en forma de anilla alternativamente hacia la izquierda y hacia la derecha.

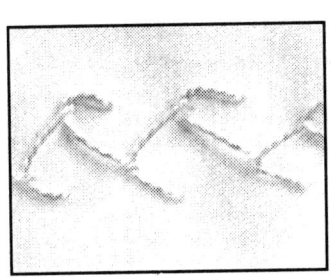
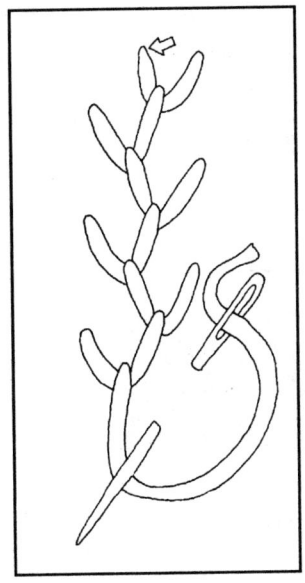

PESPUNTE

Yendo de derecha a izquierda, hacer primero una puntada hacia adelante y después una hacia atrás, siempre con la misma regularidad. Se suele utilizar para dibujar líneas y perfiles.

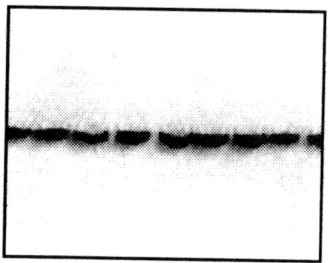
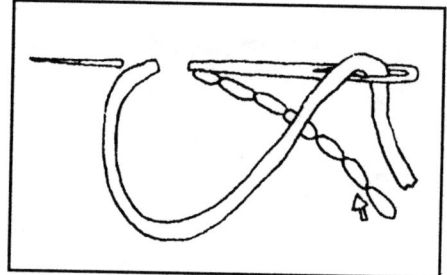

RELLENO EN ZIGZAG

Se realizan una serie de puntadas oblicuas, hacia la derecha y la izquierda alternativamente, empezando a bordar desde la derecha y continuando hasta el final del motivo.

Después de dar la vuelta a la labor, se vuelve a comenzar desde la derecha y se dan unas puntadas en zigzag opuestas a las anteriores, formando una serie de rombos. Continuar así en la tercera vuelta y en las siguientes.

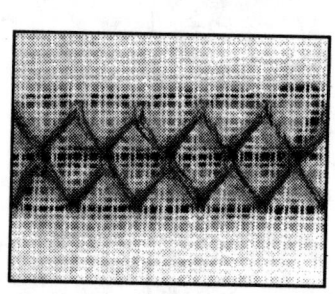
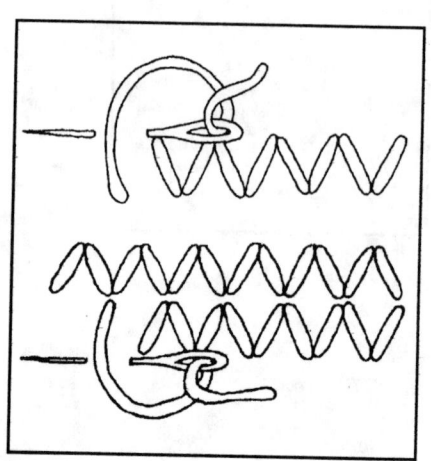

RUMANO

Dar una puntada vertical de abajo a arriba, sacando la aguja aproximadamente a la mitad y volviendo a pincharla a la derecha de la puntada vertical, con una puntada pequeña y ligeramente oblicua; se vuelve a sacar la aguja en la parte de abajo y se vuelve a hacer una puntada larga y otra pequeña.

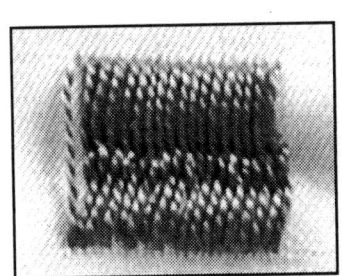
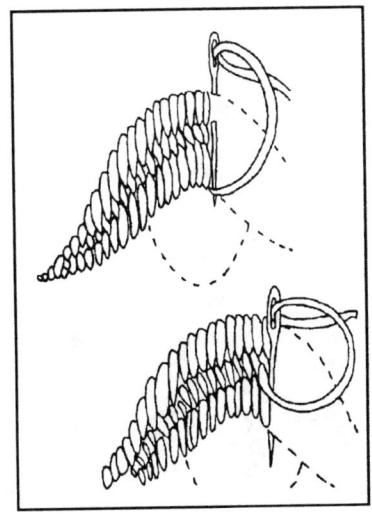

TALLO FANTASÍA

Se da la primera puntada exactamente como si se tratara de punto tallo normal, saliendo en posición central y pasando la aguja por debajo del hilo, sin atravesar la tela, de derecha a izquierda.

Se pasa una segunda vez debajo de la primera puntada y luego se da otra puntada con la técnica del punto tallo, pinchando la tela y saliendo de ella en la mitad del punto. Se pasa la aguja debajo del último hilo "lanzado" de arriba a abajo, repitiendo ese movimiento dos veces, sin atravesar nunca la tela. Repetir siempre los pasos explicados.

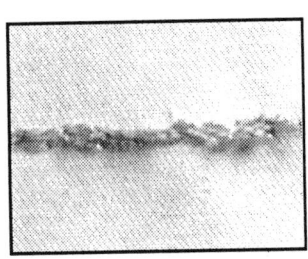
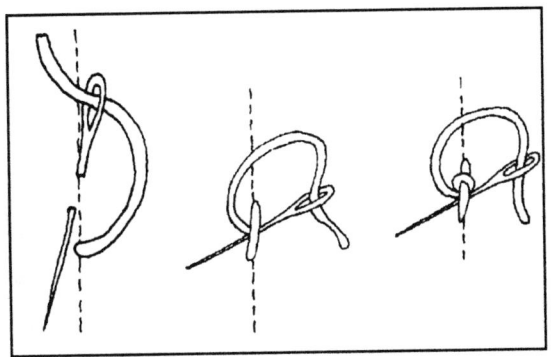

VANDYKE

Se realiza de arriba a abajo, comenzando por el margen izquierdo. Tras pinchar un poco de tela en el centro, introducir la aguja por la derecha sacándola justo por debajo del punto de partida. A continuación, pasar el hilo por debajo de los puntos precedentes en el centro, sin pincharlos, es decir, logrando el efecto de una trenza.

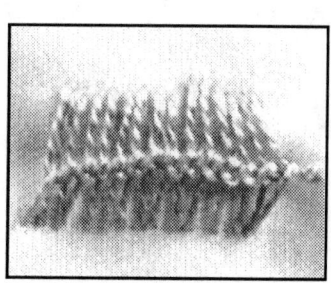

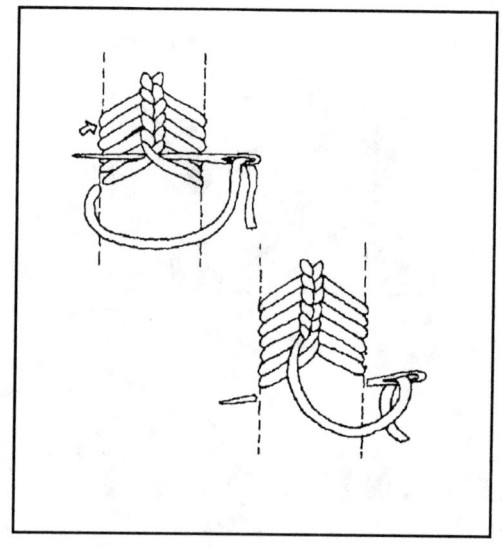

PUNTOS PARA bordAR EN CAÑAMAZO

GOBELINO ENTRELAZADO

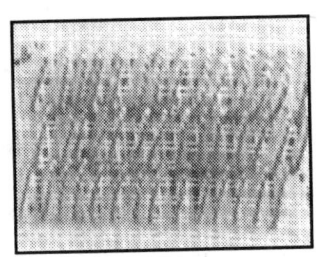

Trabajar horizontalmente, comenzando por la izquierda o por la derecha. Sacar la aguja y llevarla hacia arriba por encima de 5 cuerdas horizontales y 1 vertical.

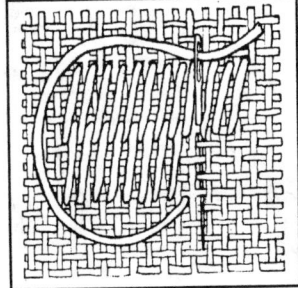

Meter la aguja hacia abajo por detrás de 5 cuerdas horizontales y sacarla de nuevo para realizar la puntada siguiente. En las hileras siguientes encajan las puntadas, haciéndolas pasar por encima de la misma cuerda del cañamazo que sirve como base de la hilera de puntadas anteriores.

PETIT POINT

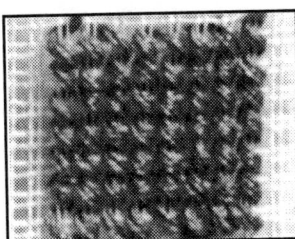

Trabajar en diagonal comenzando en la derecha de la parte superior. Sacar la aguja y subirla hacia la derecha por encima

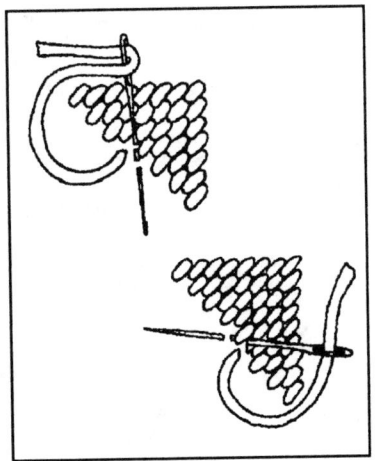

de una intersección del cañamazo. Meterla hacia abajo por detrás de 2 cuerdas horizontales, sacarla y hacer la puntada siguiente de igual forma hasta el final de la hilera. Volver a hacer la línea de puntadas hacia arriba llenando los huecos que han quedado libres en la primera punta. Sacar la aguja, llevarla hacia arriba por encima de una intersección de cañamazo e introducirla horizontalmente por debajo de 2 cuerdas verticales, sacarla de nuevo y hacer la puntada siguiente.

Puntos para bordar en tela y en cañamazo

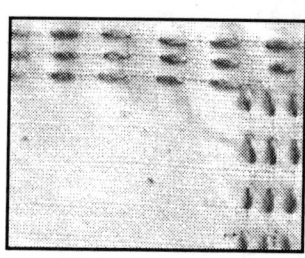

BASTILLA

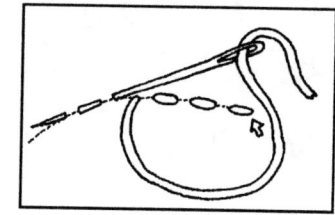

Es el punto básico de la costura a mano. Se realiza metiendo y sacando la aguja a espacios regulares. Sirve para hacer costuras sencillas y frunces. En los bordados se emplea para marcar líneas y contornos, y como base de otros puntos.

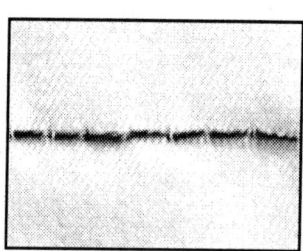

BASTILLA DOBLE

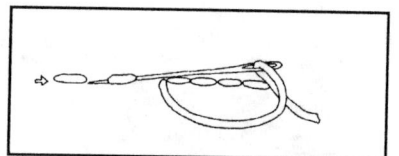

Se realiza con puntadas y espacios de igual tamaño. Cuando se utiliza como punto de relleno se lo conoce con el nombre de doble hilván.

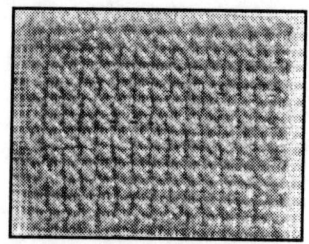

CRUZ

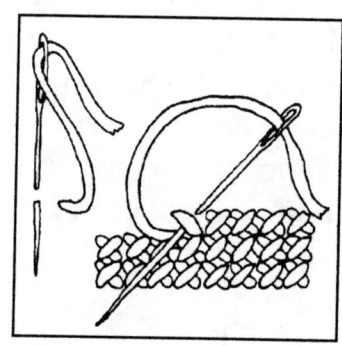

Comenzar de izquierda a derecha. Se introduce la aguja oblicuamente por encima de un hilo doble del cañamazo y luego se pasa verticalmente bajo un hilo transversal. A la vuelta, se hace el mismo punto de derecha a izquierda. De esta forma, queda formado el punto cruz.

CRUZ DIAGONAL

La vuelta superior indica el bordado de las puntadas de abajo, que se realizarán desde abajo a la izquierda hacia arriba a la derecha; para ello la aguja debe llevarse por el revés de la labor de forma vertical.

La vuelta inferior indica las puntadas sobrepuestas, se bordarán desde abajo a la derecha hacia arriba a la izquierda.

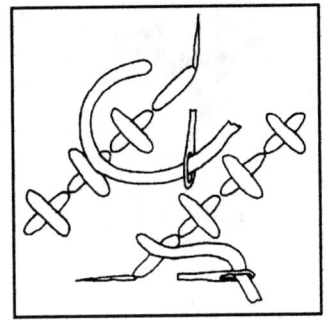

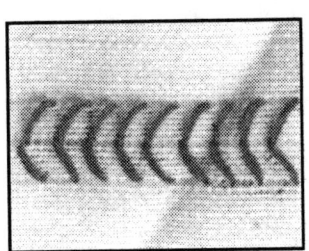

FLECHA

Compuesto por dos puntadas rectas, formando ángulo recto entre sí, se puede hacer vertical u horizontalmente. Se usa como punto de relleno ligero, para hacer líneas de puntadas y, también, para conseguir un efecto de ramillete.

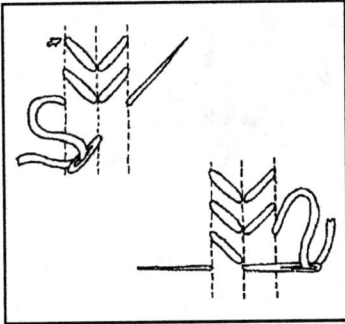

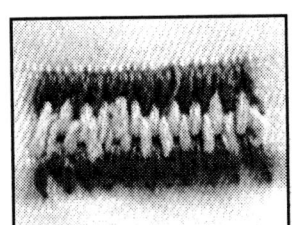

LADRILLO

Se hace una primera hilera con puntadas largas y cortas intercaladas. La hilera siguiente se realiza igual pero también alternando: donde se hizo la puntada corta se hace ahora larga y viceversa.

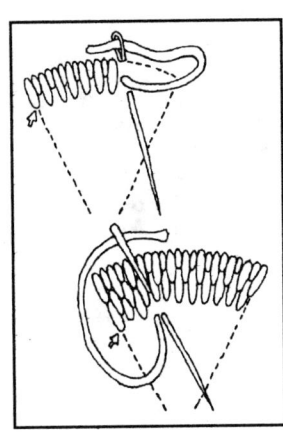

MADEIRA

Se bordará sobre 2 ó 4 hilos de la trama. Todas las puntadas se encuentran en el centro en el mismo punto de salida. En el borde exterior, se clavará por detrás

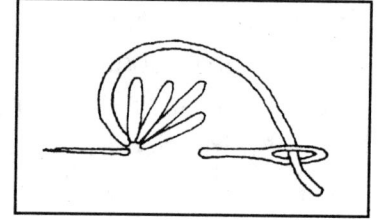

de cada hilo de la trama o cada segundo hilo de la trama.

Las puntadas se bordarán sobre varios hilos de la trama de forma vertical, horizontal o diagonal.

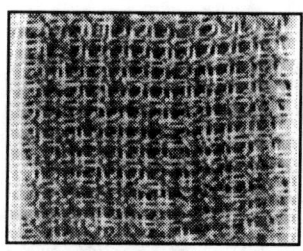

MEDIA CRUZ

Trabajar horizontalmente, comenzando por arriba a la derecha. Sacar la aguja, meterla por encima de una intersección del

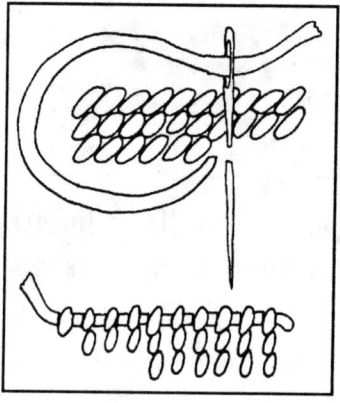

cañamazo, sacarla de nuevo después de haberla pasado por detrás de una cuerda doble horizontal, y hacer la siguiente puntada. Continuar de igual forma en todas las hileras siguientes.

SATÉN

Se realizan puntadas muy juntas para que el borde quede bien hecho, teniendo especial cuidado con las largas, ya que pueden

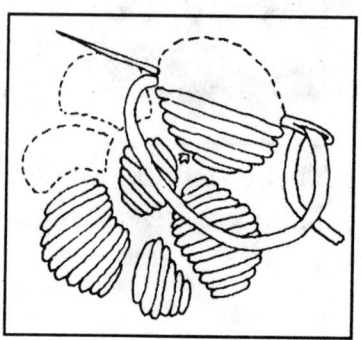

aflojarse. Este punto se utiliza para perfilar, rellenar, conseguir diferentes tonalidades y hacer patrones geométricos.

TALLO

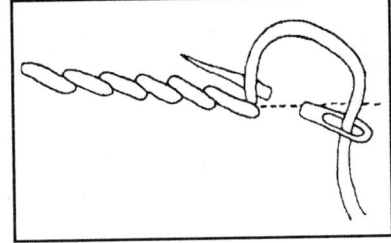

Hacer puntadas oblicuas siguiendo la línea del dibujo. Si se quiere hacer en relieve, se trabaja sobre un hilo de algodón que sirve de guía.

PUNTO DE HACES EN COSTURAS ABIERTAS

Preparar la tela doblando hacia adentro los orillos de los dos trozos de material y planchar bien liso. Hilvanar sobre un papel fino, dejando una abertura de 5 mm para el punto de haces. La distancia entre ambos bordes tendrá que ser mayor en el caso de hacerse un punto más elaborado, o cuando se utiliza un hilo más grueso. Trazar dos líneas paralelas sobre el papel para mantener la abertura regular.

Trabajar este punto de haces sencillo de izquierda a derecha. Fijar el hilo con unos pequeños puntos de pespunte por el revés del tejido, al extremo de la costura abierta. Empezar los puntos sacando la aguja cerca del final de la costura por el derecho del tejido. Atravesar en diagonal al lado opuesto y clavar la aguja por el derecho del tejido.

Hacer pasar el hilo a través del tejido, manteniéndolo en su sitio con el pulgar izquierdo. Pasar la aguja sobre la hebra y clavarla por el derecho del tejido en el borde opuesto. Pasar de nuevo la aguja sobre la hebra que se trabaja, igual que antes, y repetir. Mantener una distancia regular entre los puntos y una tensión uniforme.

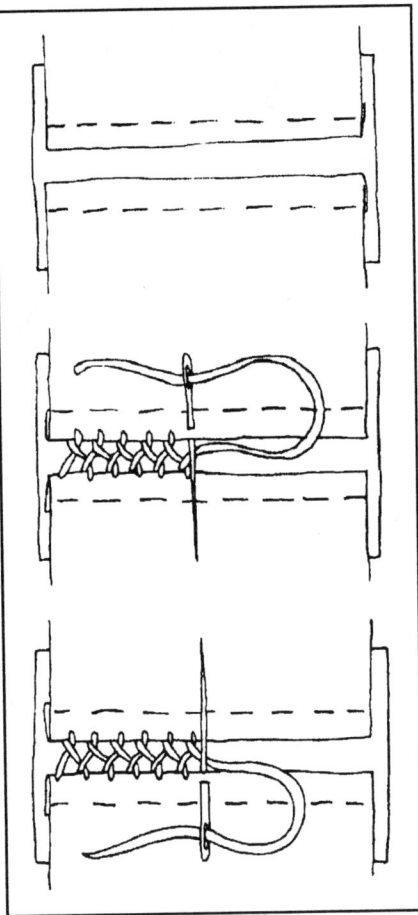

DISEÑOS PARA BORDAR EN CAÑAMAZO

GUÍA ORIENTATIVA DE COLORES

⊙	amarillo dorado	＼	naranja
◣	amarillo patito	N	negro
—	azul	●	rojo
B	blanco	◢	rosa
/	bordeaux	▫	verde claro
○	celeste	✕	verde seco
▪	marrón claro	▽	violeta
+	marrón oscuro	△	violeta claro

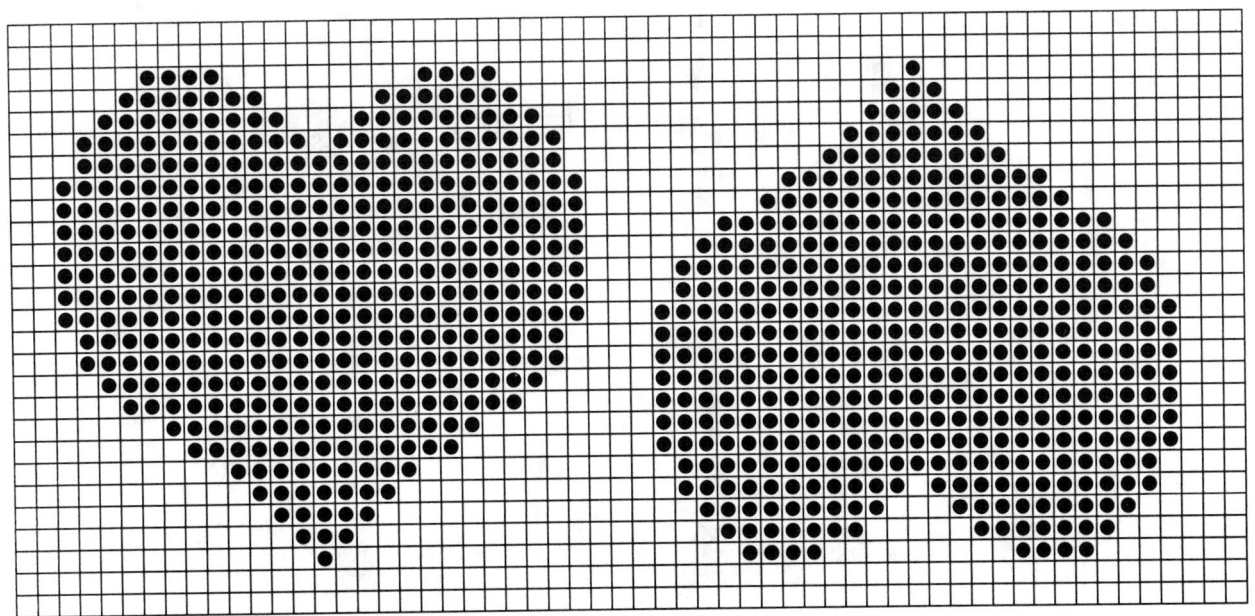

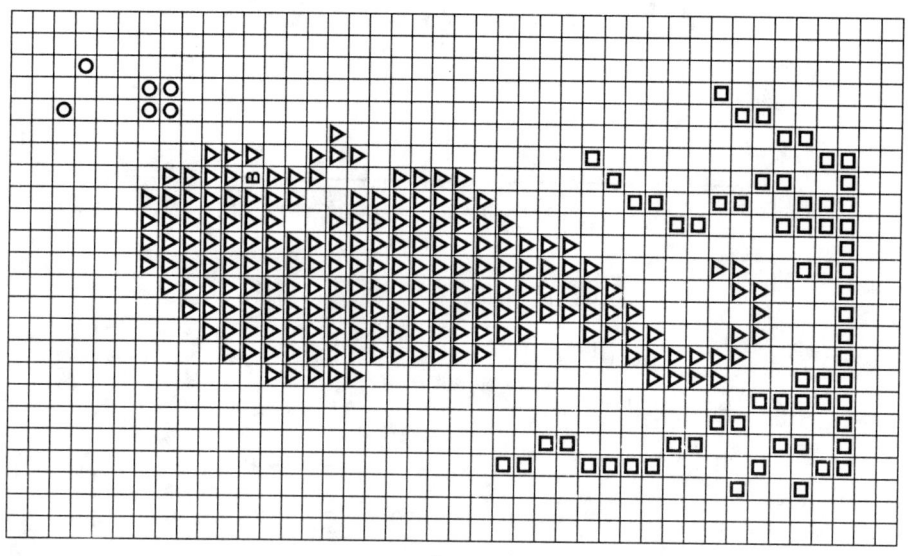

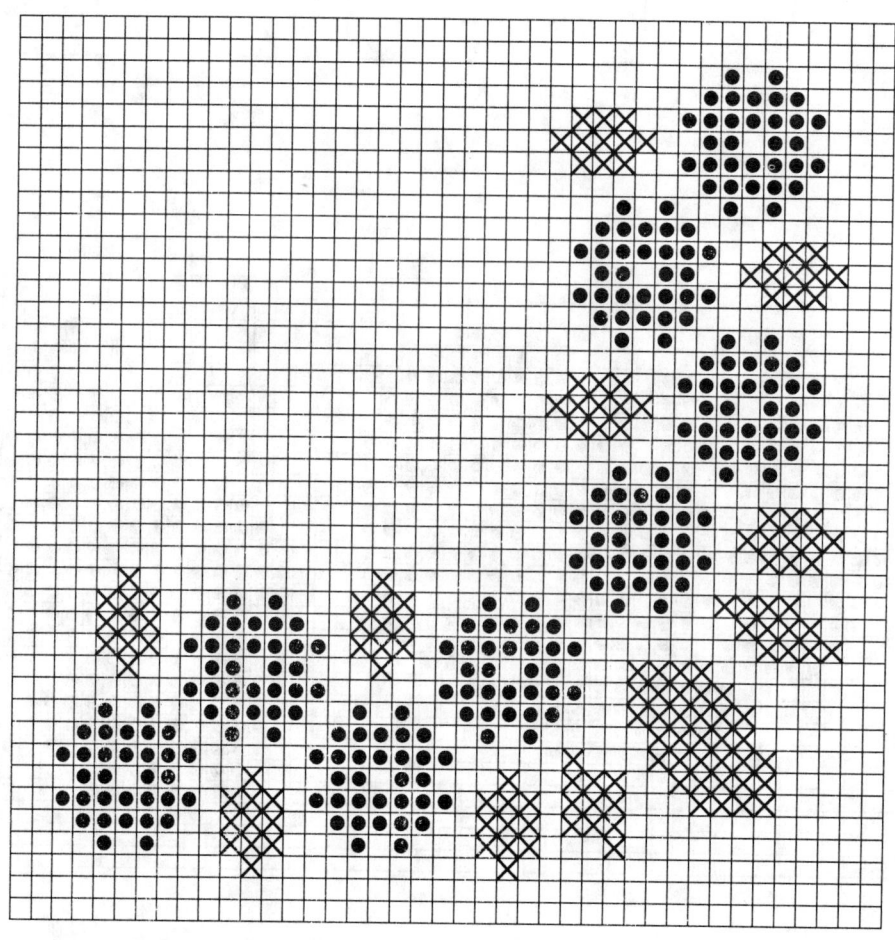

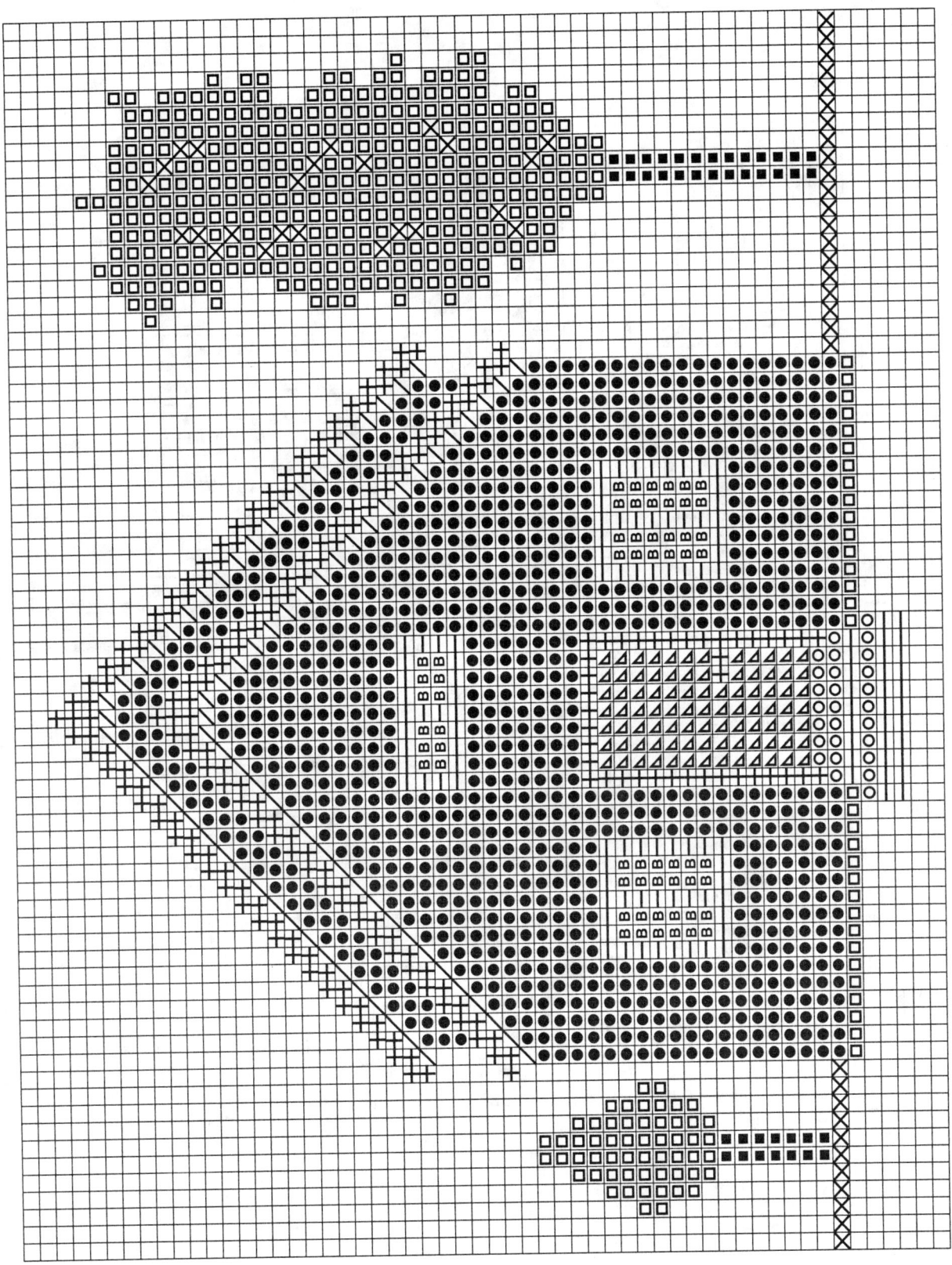

30

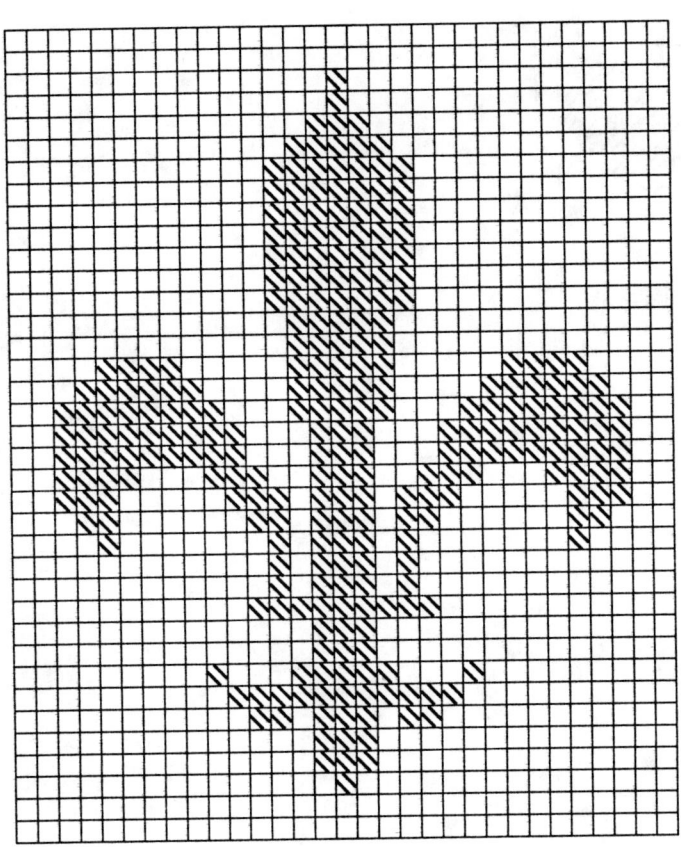

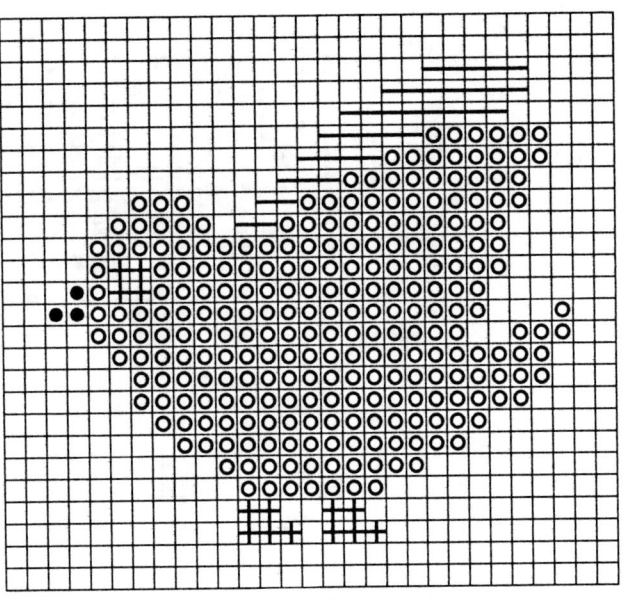

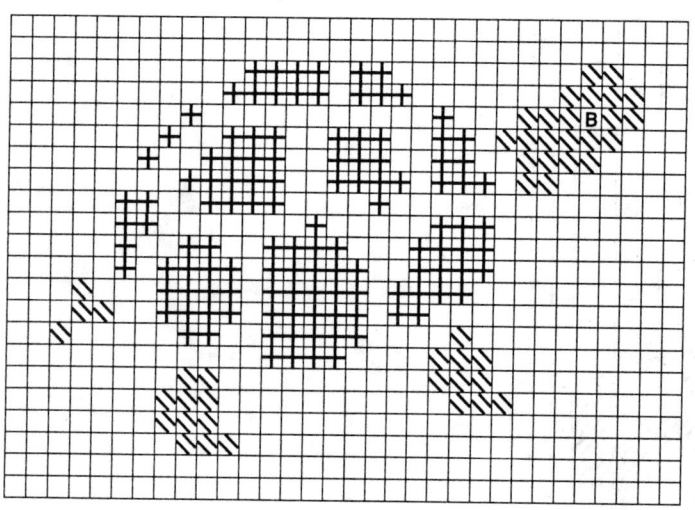

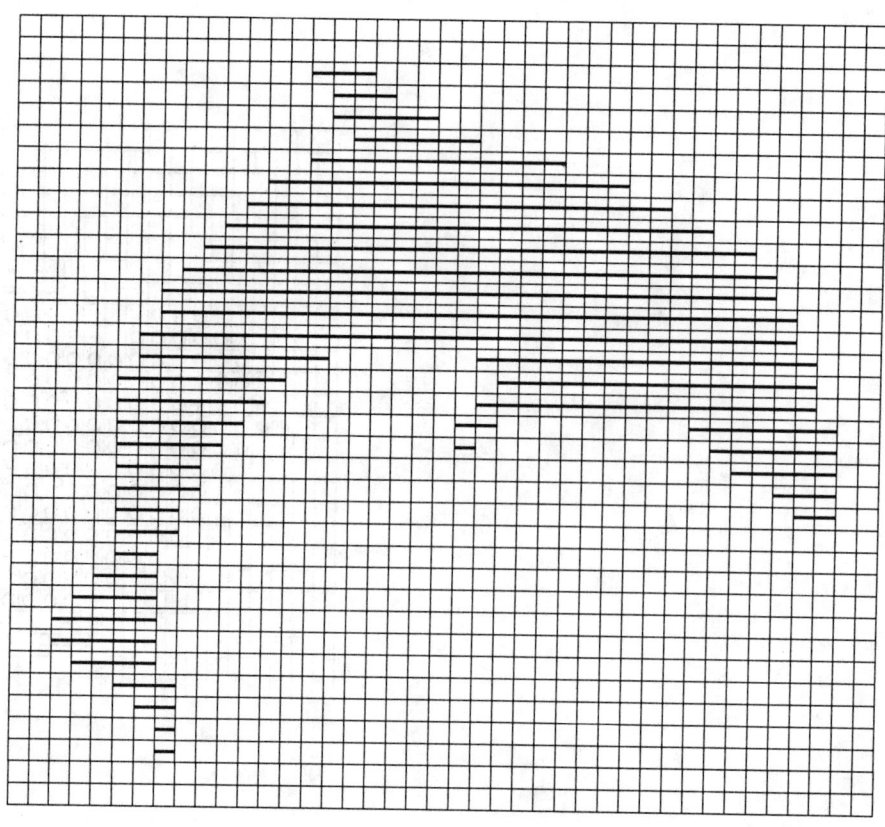

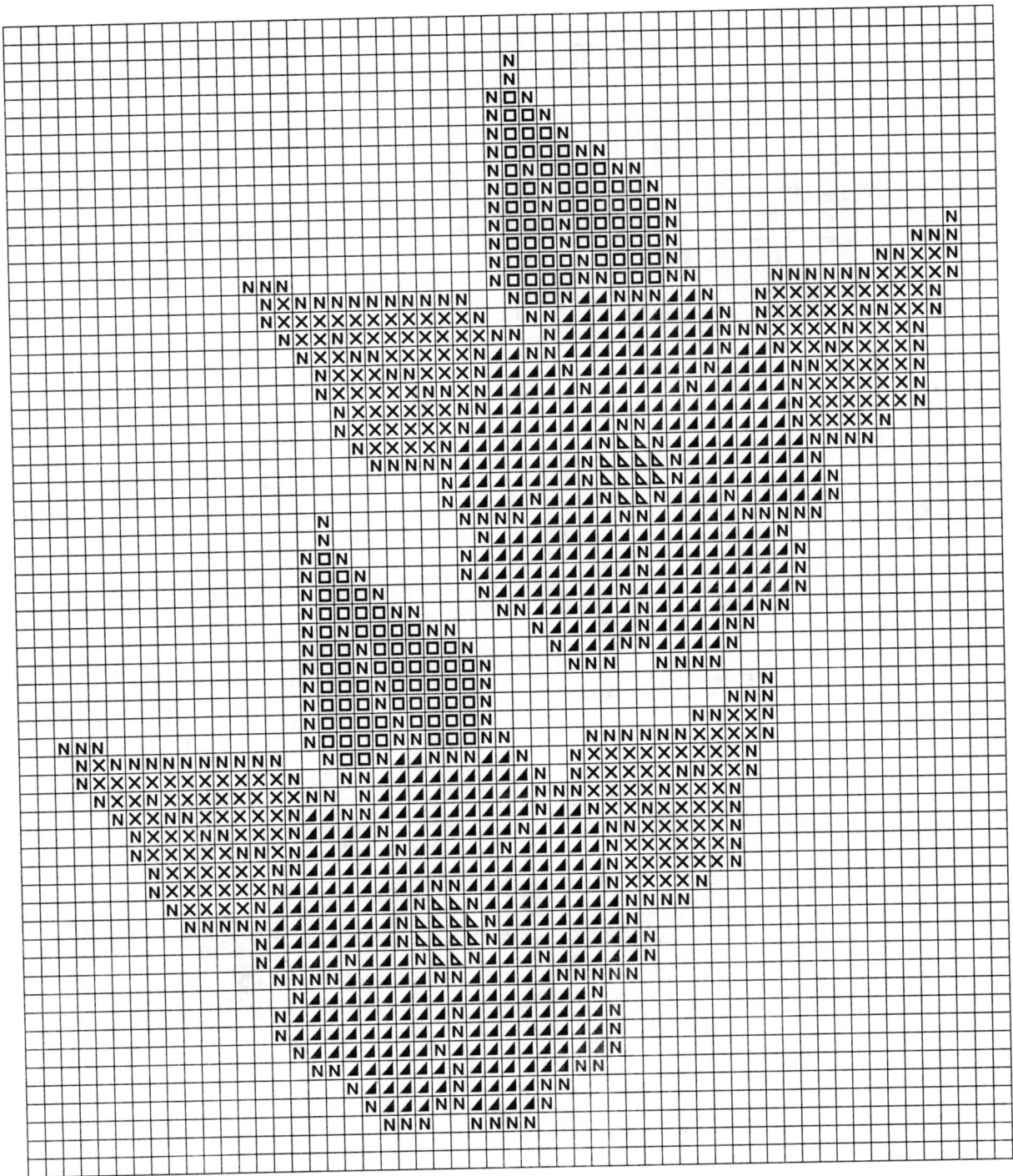

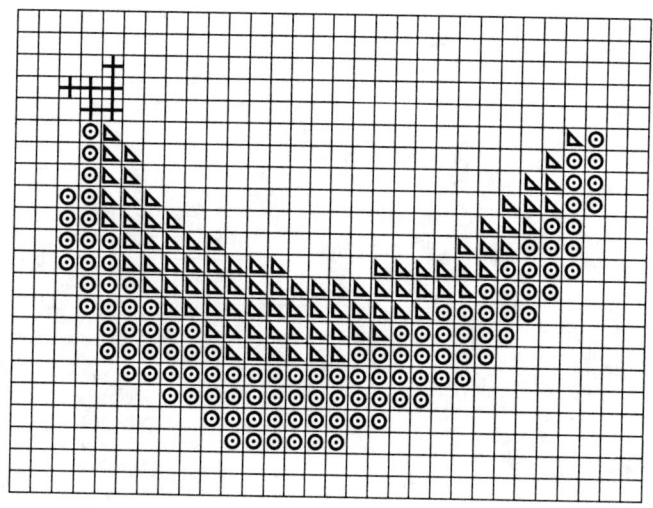

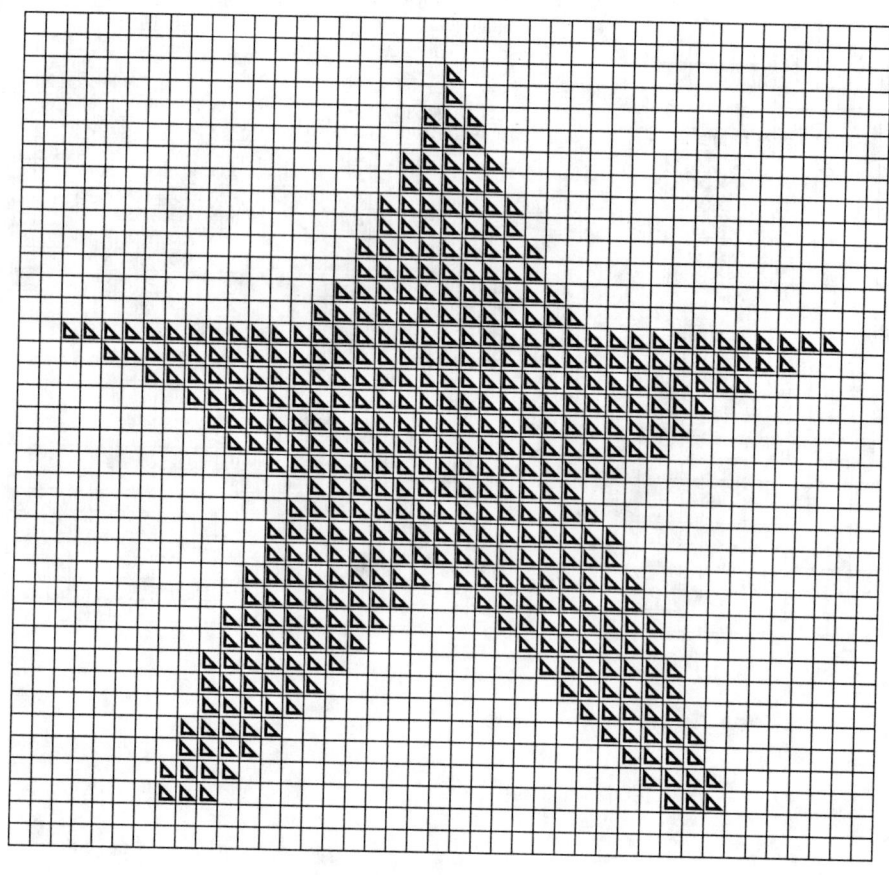

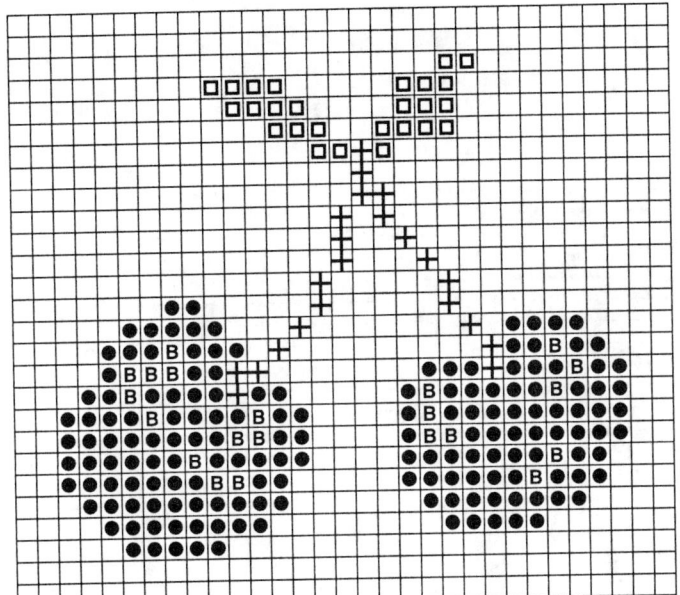

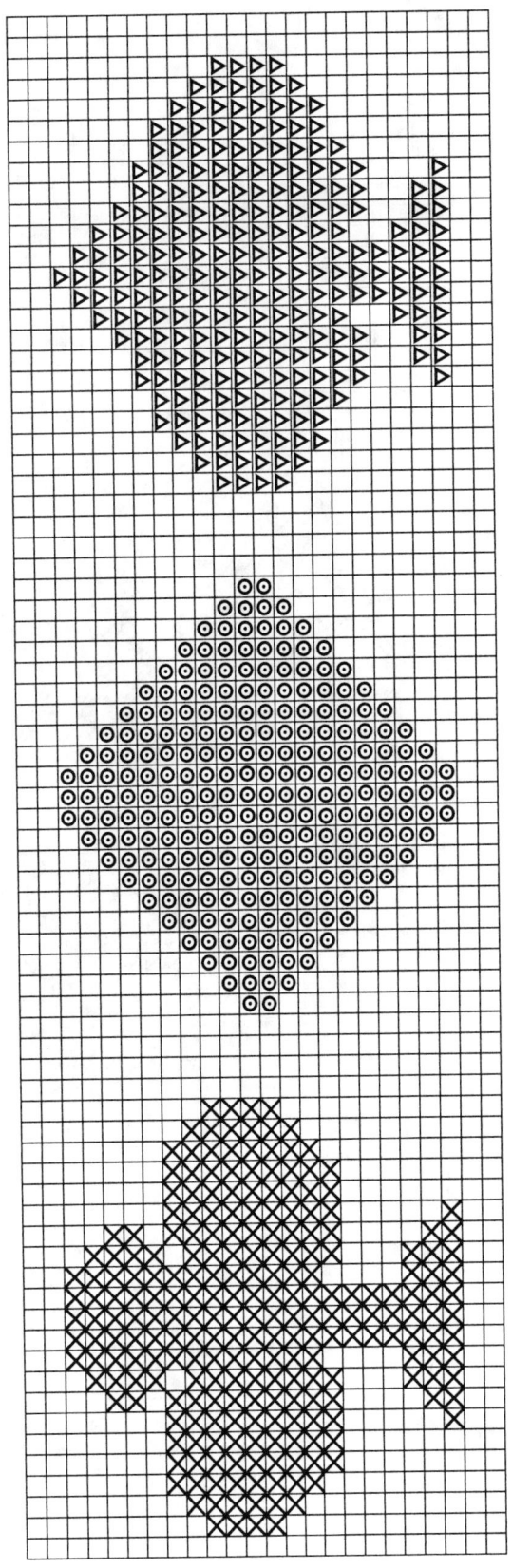

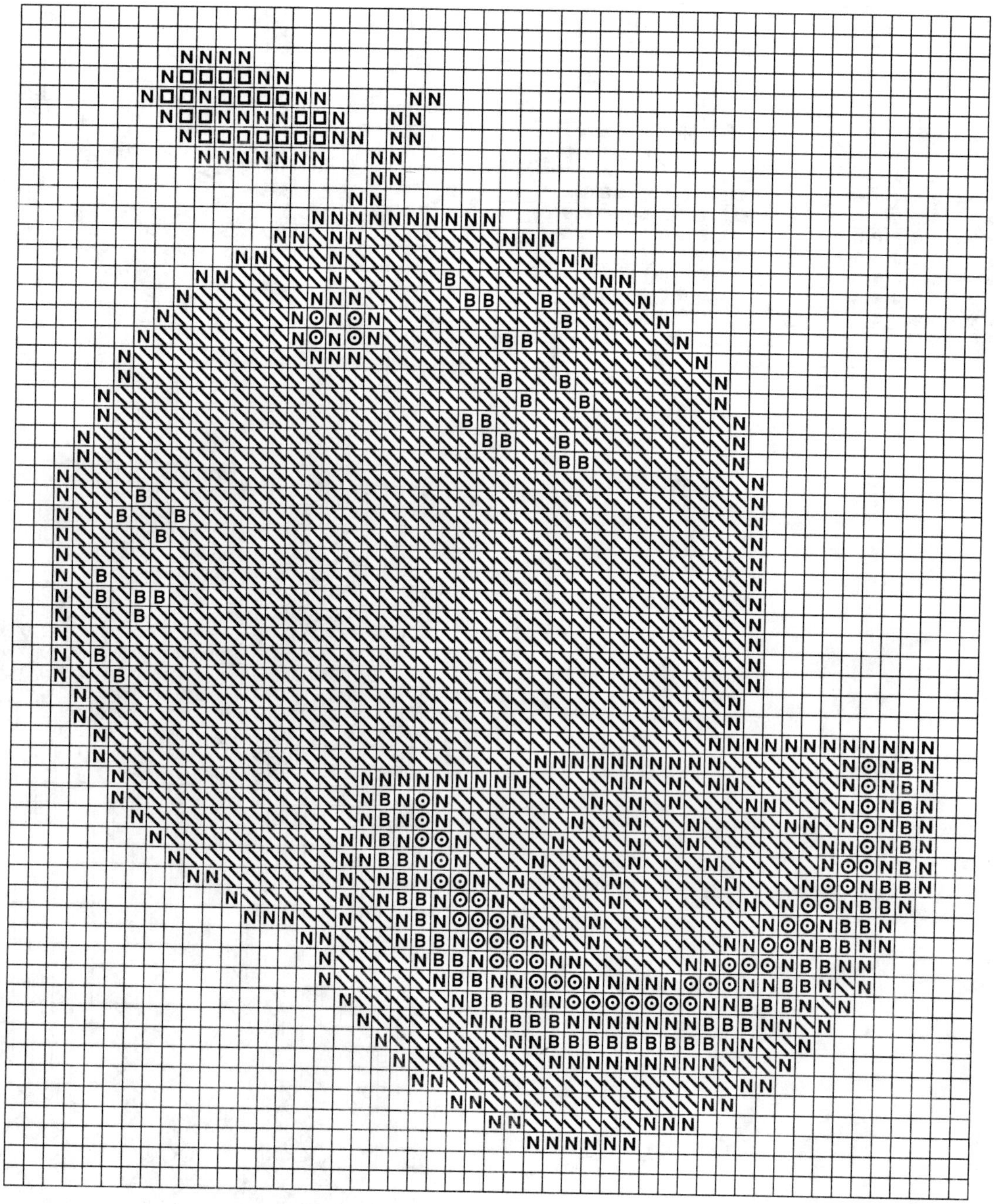

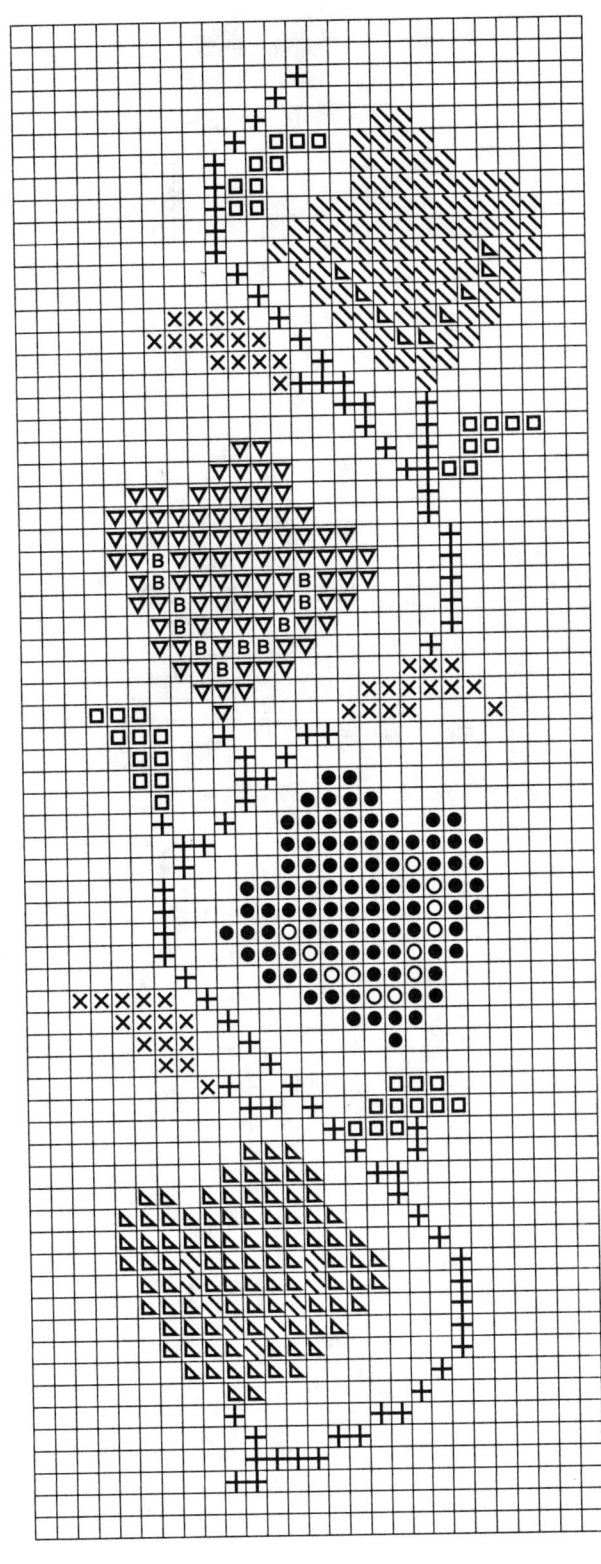

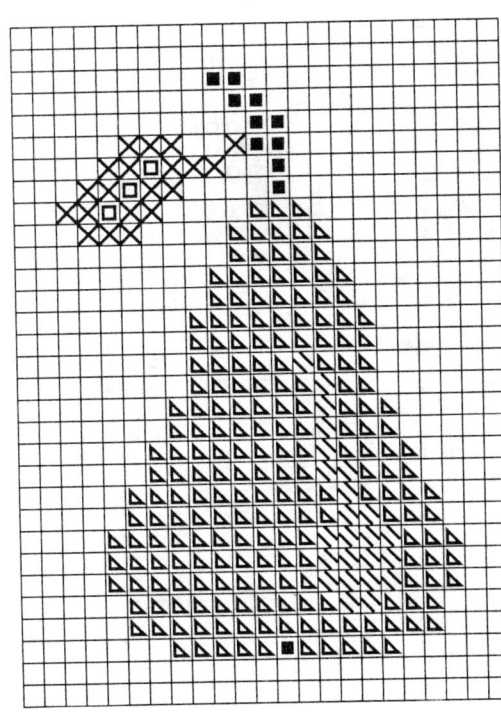

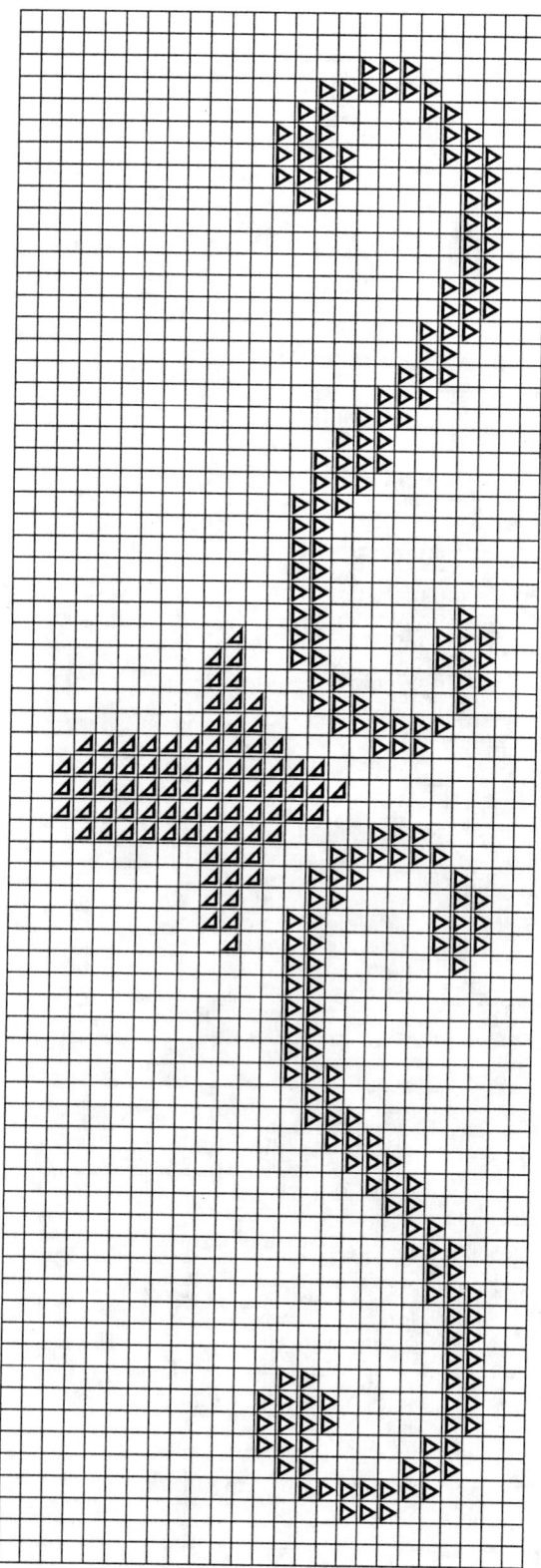

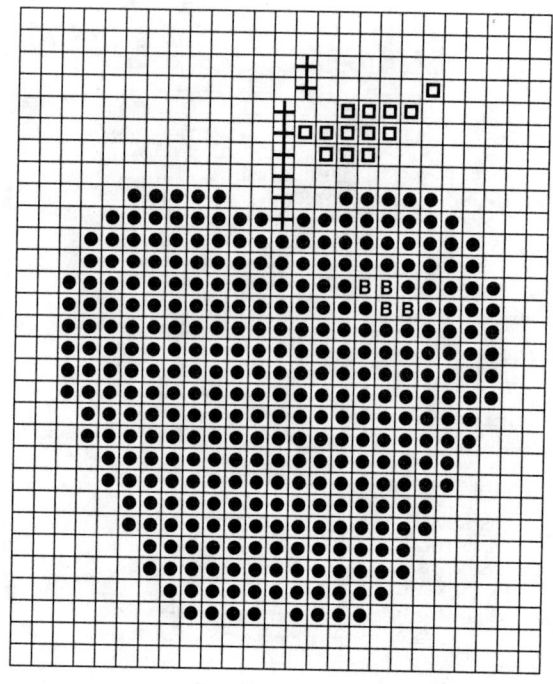

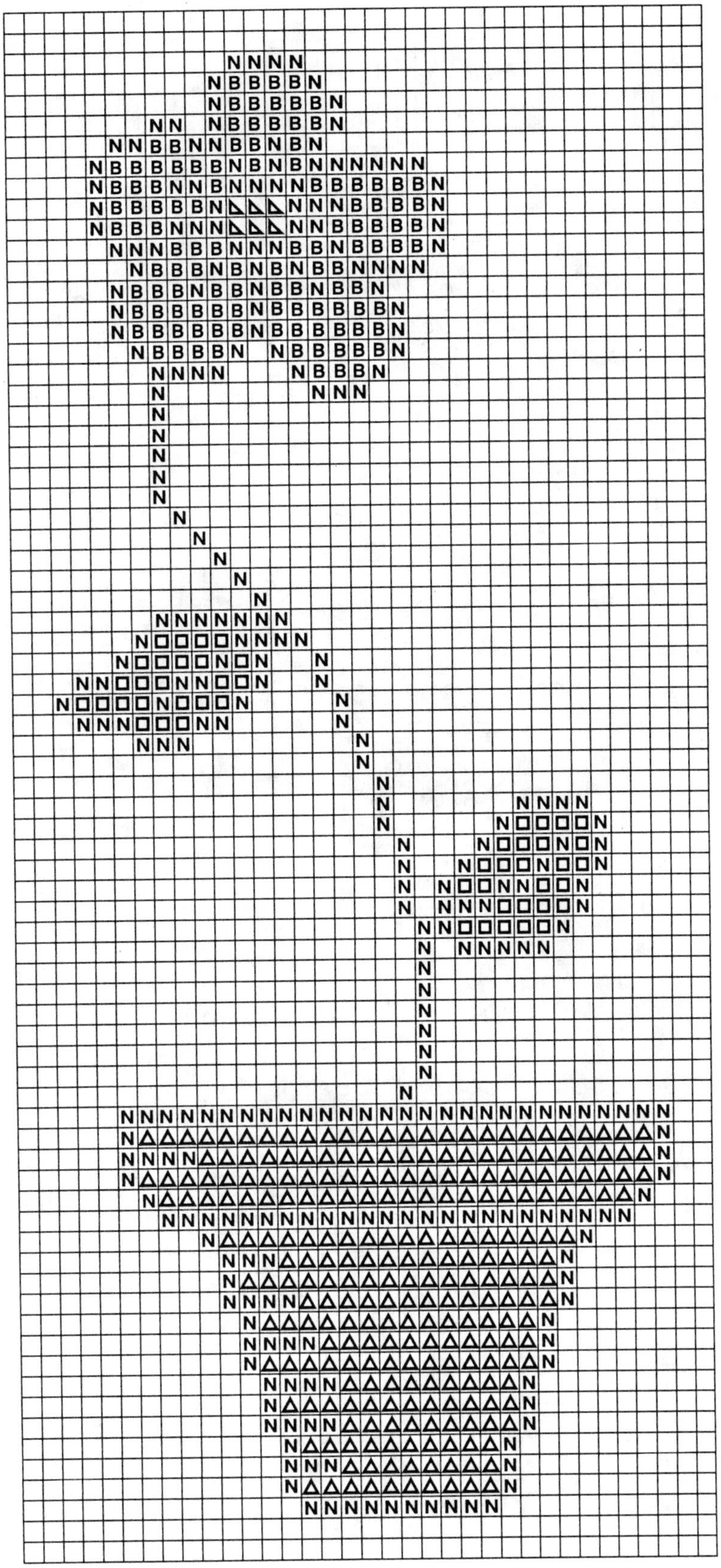

40

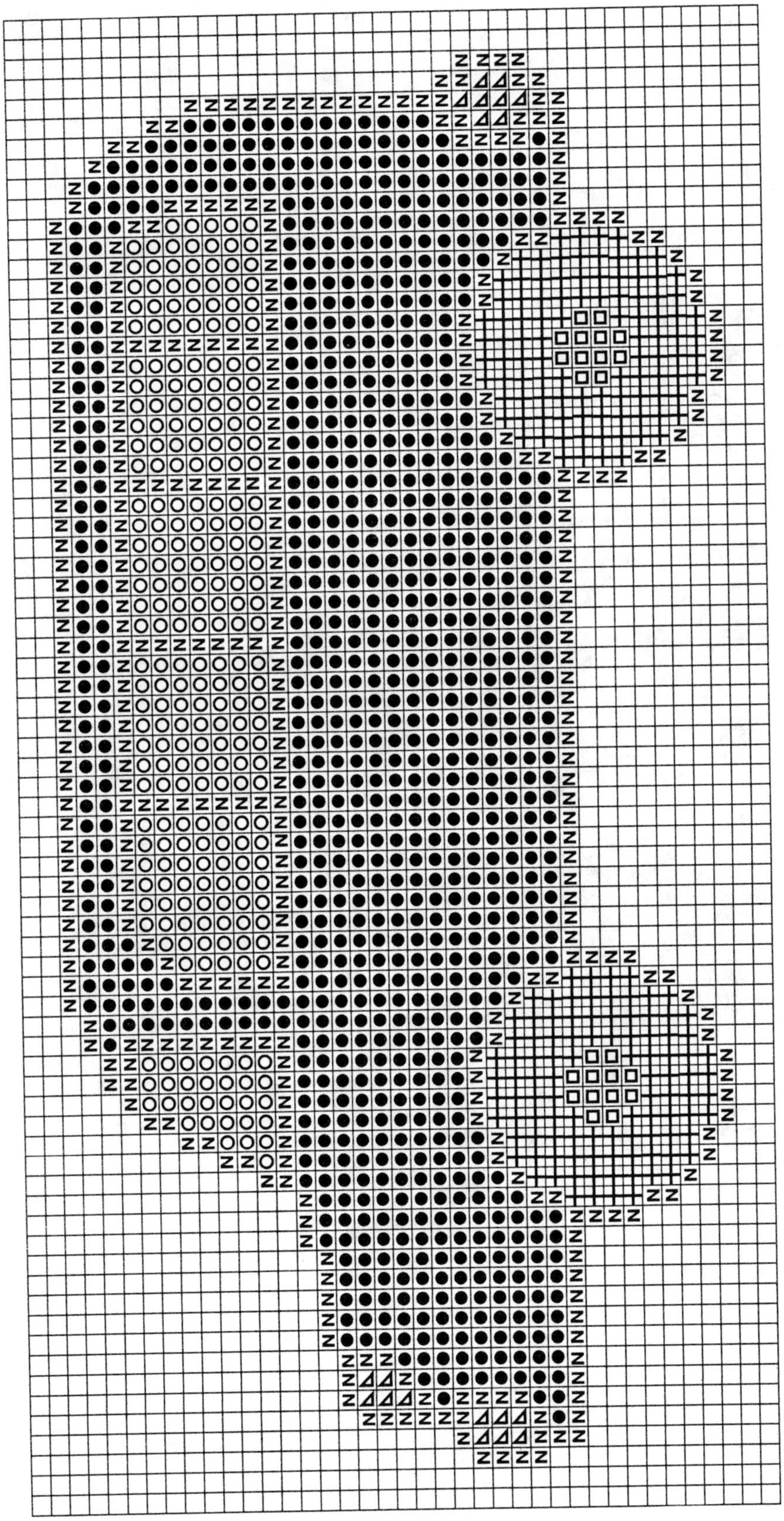

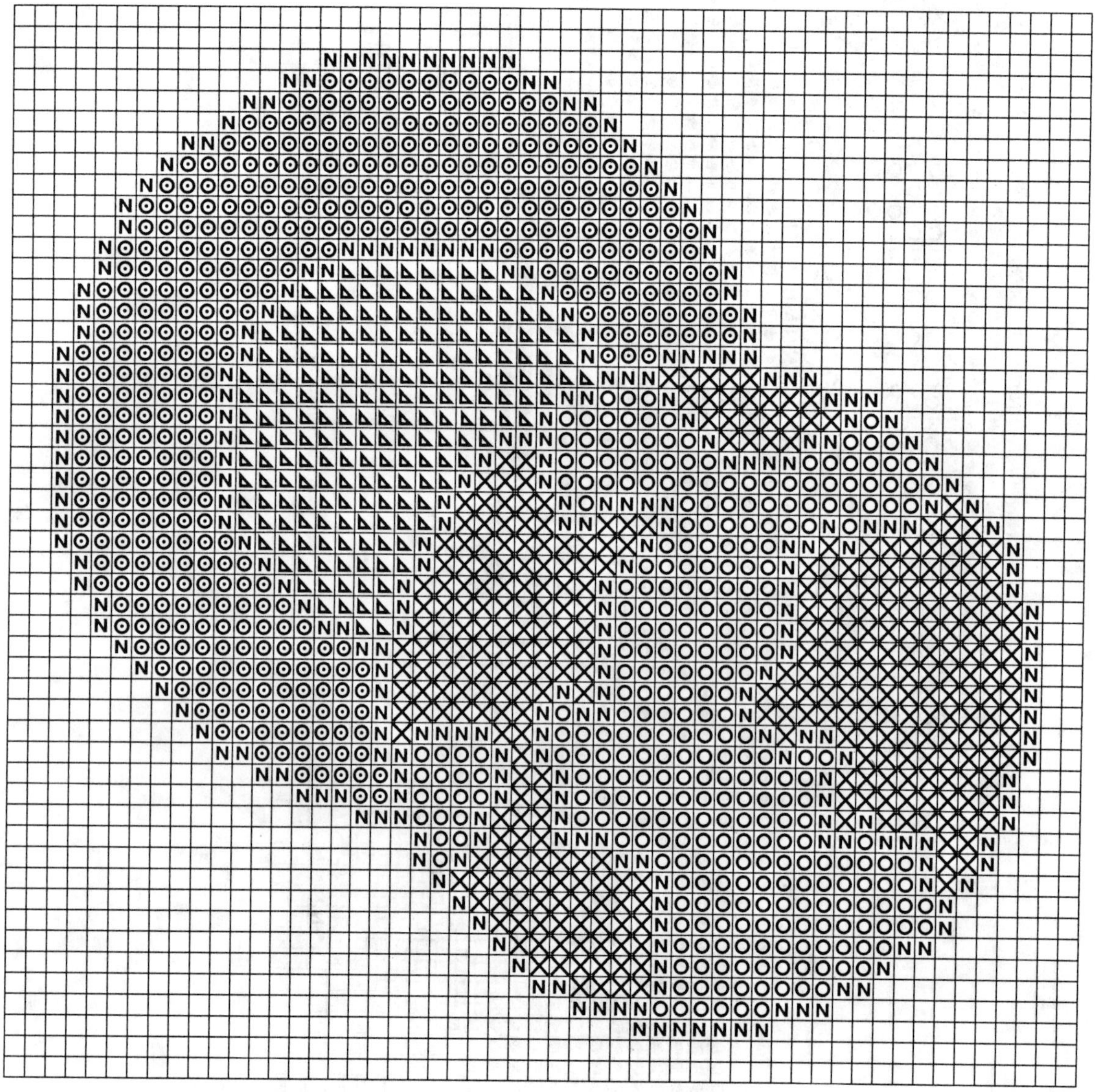

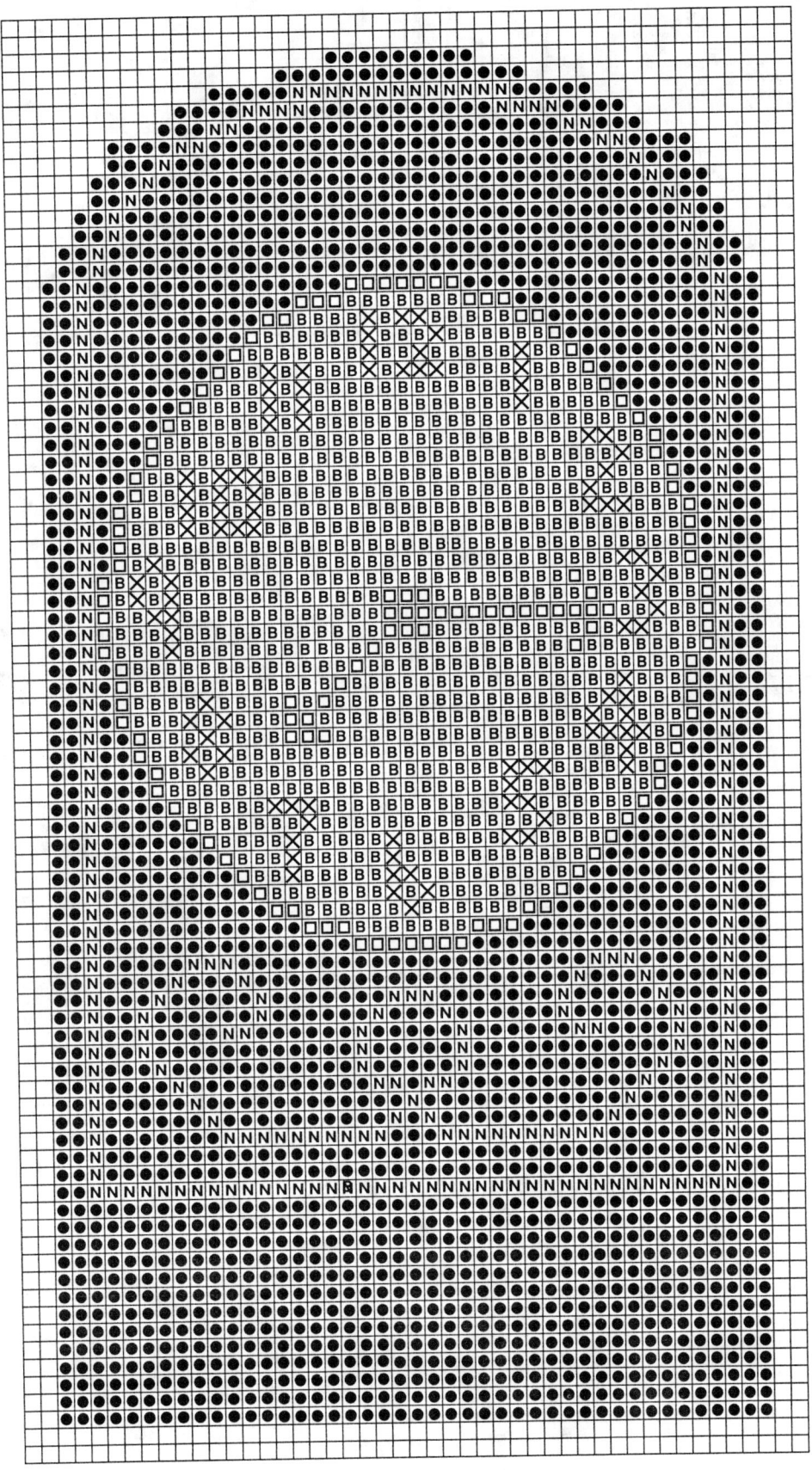

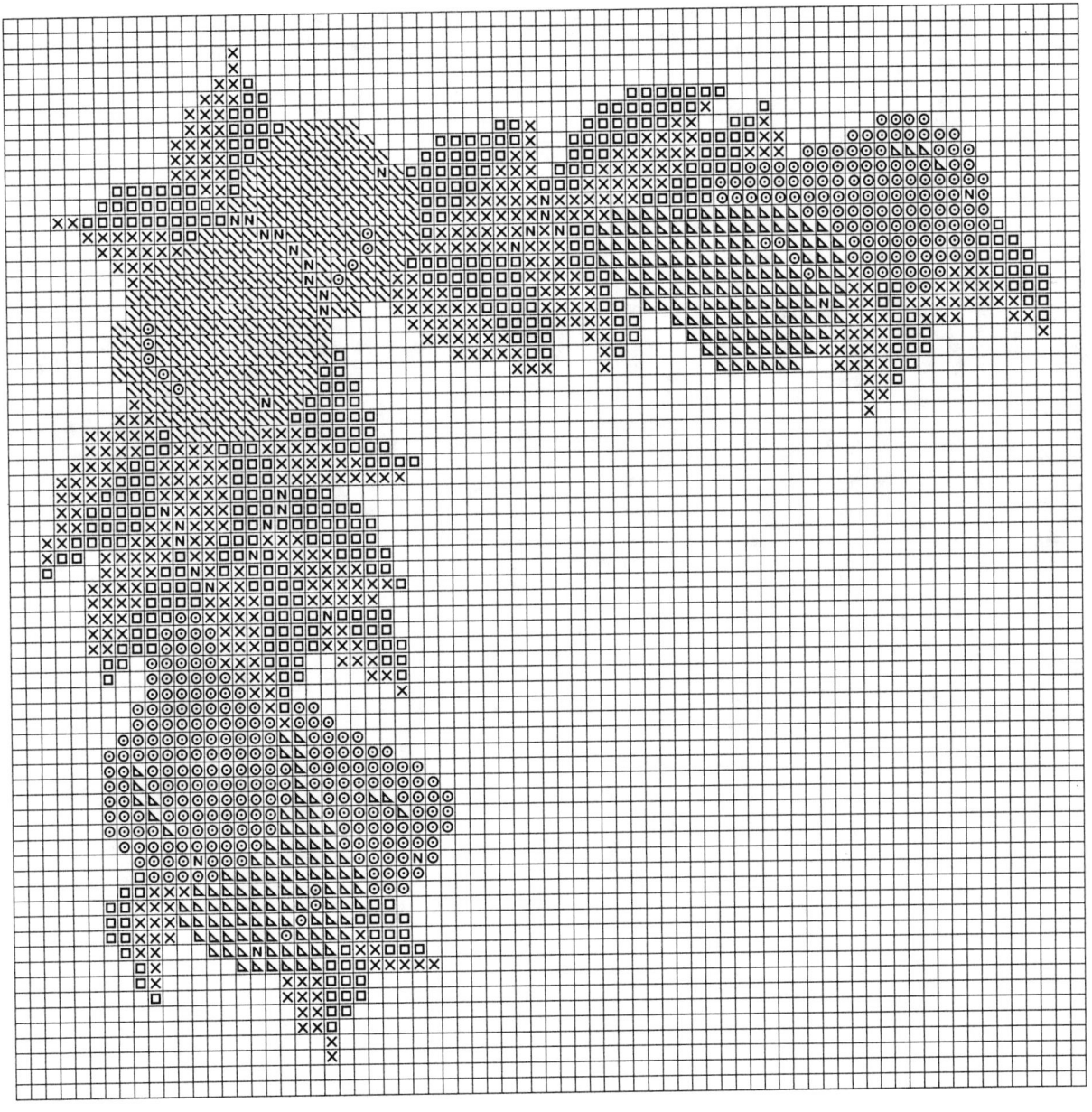

DISEÑOS PARA BORDAR
EN TELA

50

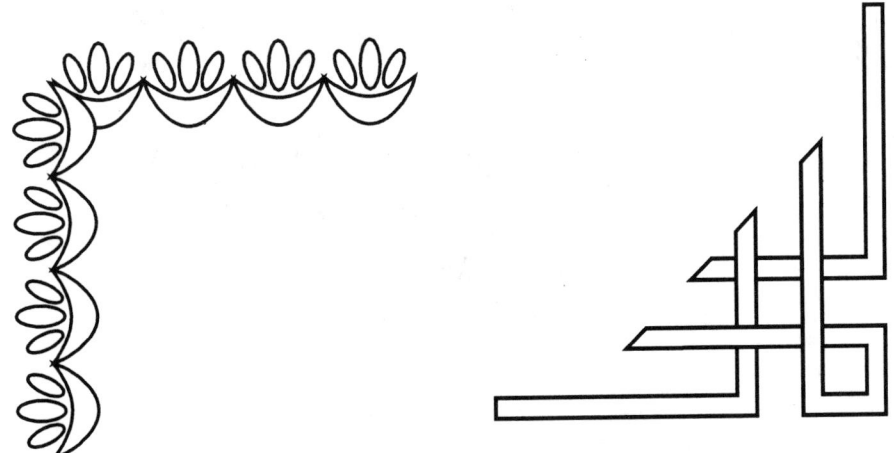

56

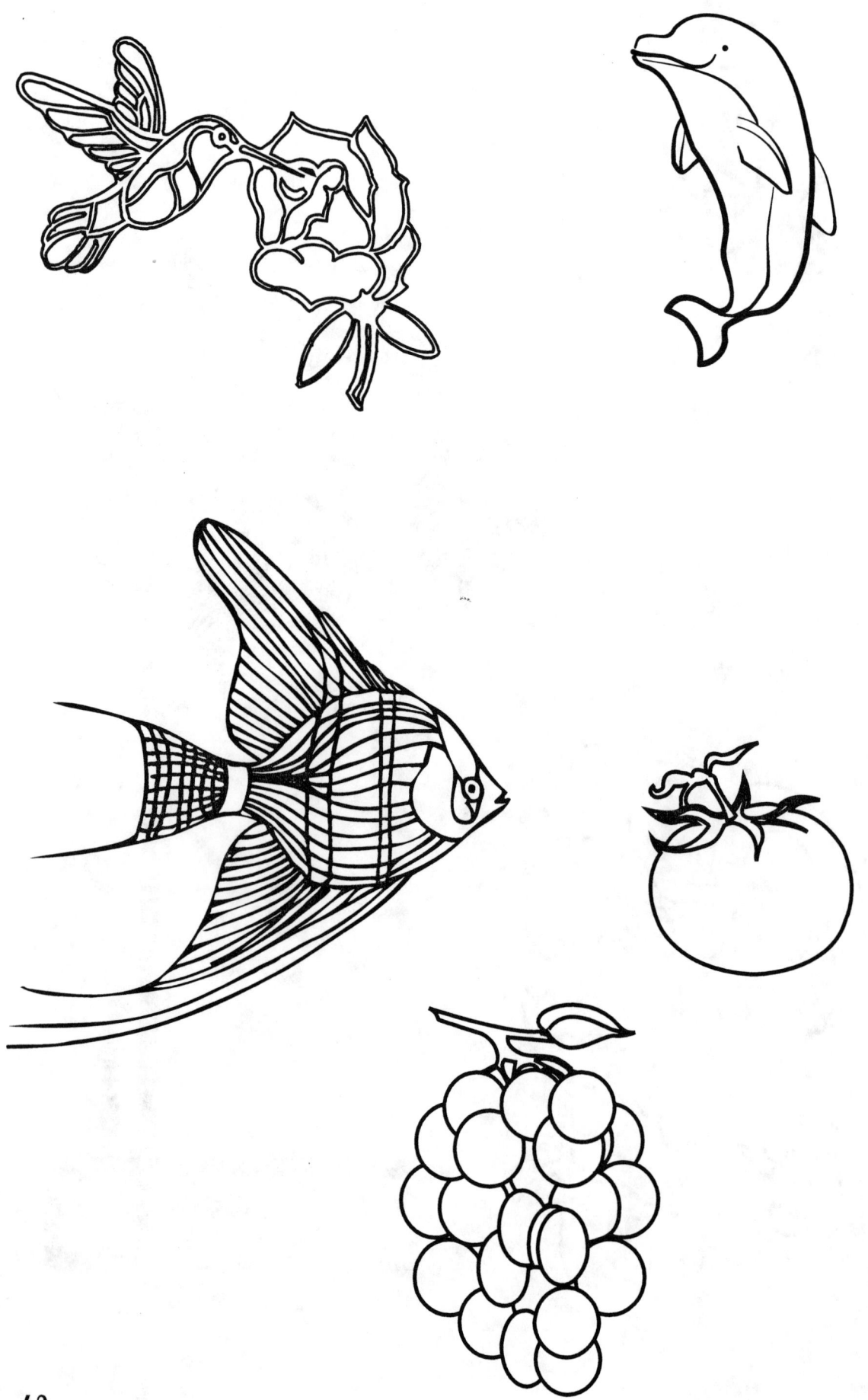

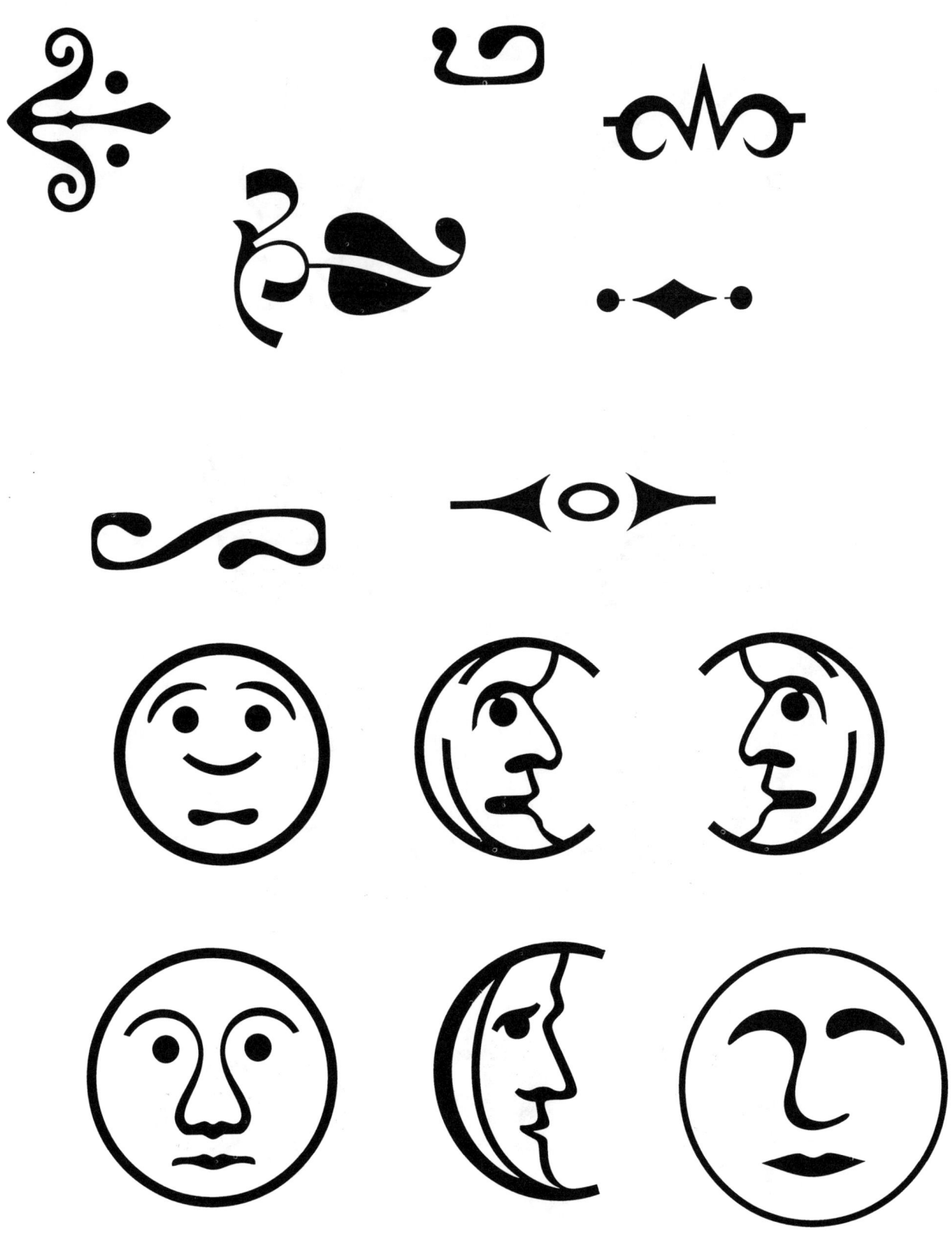

A B C D E

F G H I

J K L M

N Ñ O P

Q R S T U

V W X Y Z

a b c d e f g h

i j k l m n o

p q r s t u v

w x y z

0 1 2 3 4 5

6 7 8 9

A B C D E

F G H I J

K L M N

Ñ O P Q

R S T U V

W X Y Z

a b c d e

f g h i j k

l m n ñ o

p q r s t u

v w x y z

0 1 2 3 4 5

6 7 8 9

A B C

D E F

G H I

J K L

M N Ñ

O P Q

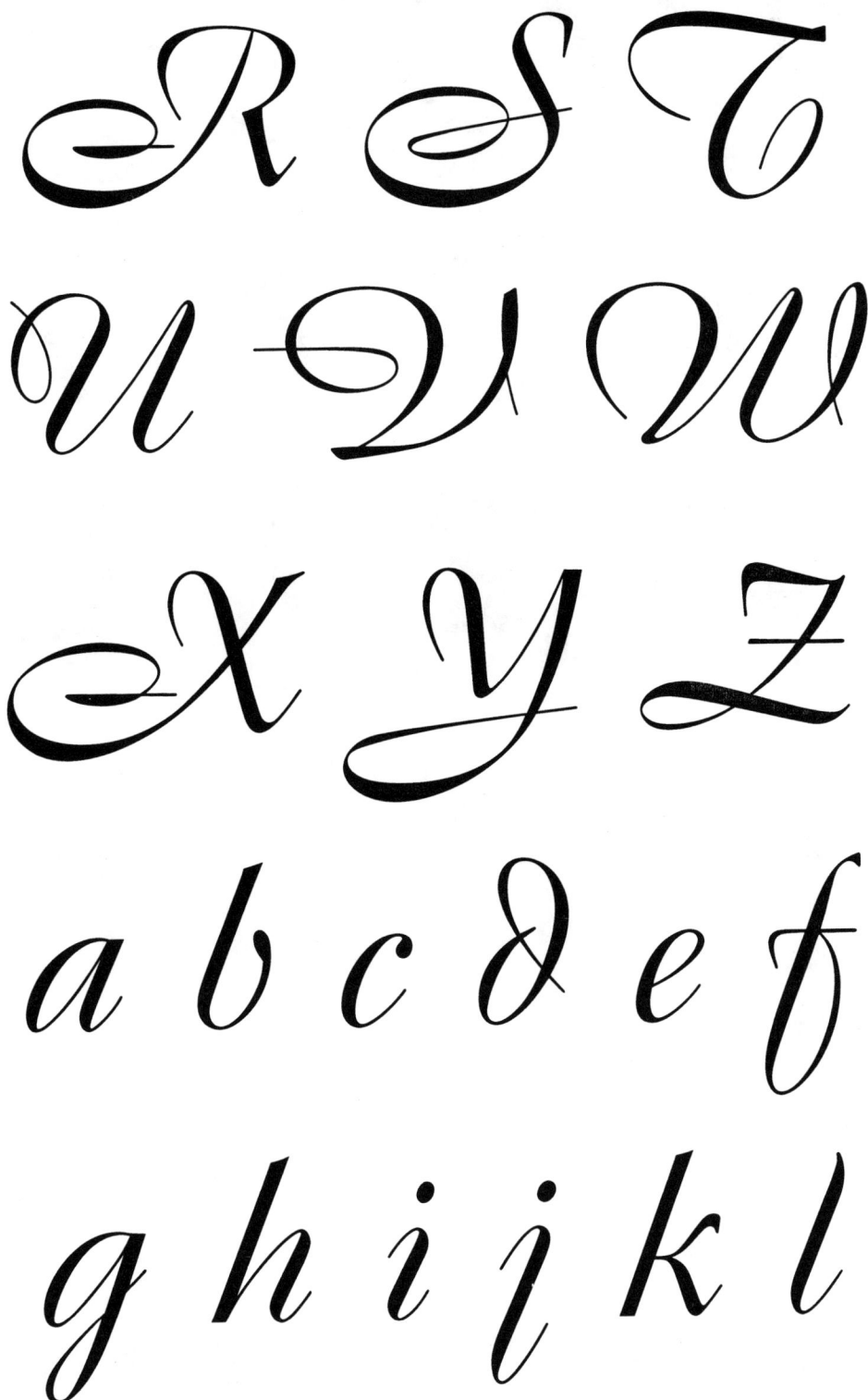

カソスクウ
ケコナツ
ニヌネヒ
ハバテト
アエキオチ
セイシタサ

かそすくう
けこなつ
にぬねひ
はばてと
あえきおち
せいしたさ

אבסד

גהעהצכֿ

לֿמנֿפֿל

טתשׁרק

זיהחשׁו

α β ψ δ ε

φ γ η ι ξ κ

λ μ ν ο π

ϑ ρ σ τ θ

ω φ χ υ ζ

ÍNDICE

Este libro se terminó de imprimir en
MUNDO GRÁFICO
Zeballos 885 – Avellaneda
Noviembre de 2001